名师名校名校长

凝聚名师共识
回应名师关怀
打造名师品牌
培育名师群体

张晓远识

名师名校名校长书系

光辉篇章

语文教学散记

丁光辉 / 著

吉林人民出版社

图书在版编目（CIP）数据

光辉篇章：语文教学散记/丁光辉著. — 长春：
吉林人民出版社，2019.9
（名师名校名校长书系）
ISBN 978-7-206-16376-0

Ⅰ.①光… Ⅱ.①丁… Ⅲ.①语文课－教学研究－中
小学 Ⅳ.①G633.302

中国版本图书馆CIP数据核字（2019）第212866号

光辉篇章——语文教学散记
GUANGHUI PIANZHANG：YUWEN JIAOXUE SANJI

著　　者：丁光辉　　　　　封面设计：姜　龙
责任编辑：李沫薇
助理编辑：王璐瑶
吉林人民出版社出版发行（长春市人民大街7548号　　邮政编码：130022）
印　　刷：北京虎彩文化传播有限公司
开　　本：787mm×1092mm　　1/16
印　　张：12　　　　　　　字　　数：216千字
标准书号：ISBN 978-7-206-16376-0
版　　次：2022年6月第1版　　印　　次：2022年6月第1次印刷
定　　价：45.00元

如发现印装质量问题，影响阅读，请与出版社联系调换。

中小学教育教学工作的核心使命

（代序）

提到中小学的教育教学工作，需思考核心使命。首先来看一下使命到底是什么意思，在汉语之中，使命的本意是指受委派的使臣所领受的任务和应负的责任。在中小学教育教学工作之中，中小学教育教学的使臣是谁呢？使臣包含了教育行政人员、教学研究人员还有学校的校长和教师，应该说今天我们在座的各位都是教育教学工作的重要使臣。那么使臣领受的任务受谁的委派？来自国家，来自社会，来自时代、家长和学生的任务，承担着教育教学工作。

那么教育教学到底存在哪些方面的使命呢？我们首先来看一下国家给予我们的使命是什么。在2014年教育部颁布的《关于深化课程改革落实立德树人根本任务的意见》之中，提出我们当今的教育要推进十个重要领域的关键改革，其中第一项重要的任务就是要研究制订学生发展的核心素养，同时修订课程标准，增加学业质量的评价标准。2014年提出这个任务之后，2016年9月份发布了《中国学生发展的核心素养》，这个核心素养的核心内容就是要培养全面发展的人，怎么去培养这些人，全面发展表现在哪些方面，由此得出了三个纬度，即文化基础、自主发展和社会产品。同时对这三个方面提出了六个核心素养，一个是人文底蕴和科学精神，即文化基础，另外还包括学会学习、健康生活、社会参与、责任担当和创新实践。这六大素养就是我们领受的国家给予的使命。

中小学教育教学工作面对六大素养的时候，其中的核心素养到底是什么？

对这个问题不同的个人可能会有不同的思考和回答，但是我认为核心中的核心是学会学习，这是国家赋予的时代使命。培养怎样的中小学生，培养他们哪些方面的素养，这是当今世界性的问题。在2007年的时候，美国教育界与社会各界组成了一个21世纪的学习合作组织，专门研究21世纪需要学习哪些素养。他们发布了21世纪学习框架，明确学生通过学习要得到的学习成果是什么，怎样帮助学生获得这些学习成果。这个框架图很直观地把中小学教育教学工作的任务，以及要培养学生哪些方面的素养，从时代发展的角度给出了。从这个结构当中可以看出，学生的发展是怎样表述的。通过学习核心课程和21世纪的主题活动，希望学生学会三个方面的素养，第一是学习与创新技能，第二是信息、媒体与技术技能，第三是生活与职业的技能。就在中小学这个阶段，通过课程还有教师教学中提炼出来的时代主题，获得这三个方面的技能。在这个框架当中，学生要得到这些素养，社会要提供标准与评价系统支持，学校要提供课程与教学方面的支持，要为学生的学习营造必不可少的学习环境。

这三个方面的素养对于教育教学工作来说，其核心素养又是什么呢？从这个框架图当中进一步思考可以看到，在这三个方面的素养当中，学生应该学会的核心素养是学习与创新的技能。通过这些材料，我们可以得出三个观点。

第一，中小学教育教学工作的核心使命是要组织、指导和激励学生的学习，这是第一个层面的使命。

第二，中小学教育教学工作的核心使命是要培养全面发展的人。全面发展有六大素养，其中的核心使命是要让学生学会学习。

第三，为每一个学生提供适合的教育，让每一个学生全面发展。

宾 华

2018年3月1日

（本文是宾华同志在2018年3月1日深圳市罗湖区教育教学工作会议上的讲话稿节选。宾华同志现为深圳市罗湖区教育科学研究院院长）

咬定青山不放松

——丁光辉同志的教学之路

（自序）

1990年，我从江西师大中文系毕业，被组织分配到了鹰潭市第四中学。从此，怀着一股挚爱与勃勃雄心，在远离故乡的鹰潭开始了坚毅而执着的追求。四个寒来暑往，在教育这块肥沃的园地里勤勤恳恳，默默耕耘，终于有了丰硕的成果。

潜心钻研，超越自我

带着"初生牛犊不怕虎"的闯劲，力求认真备好每一节课、上好每一堂课。为了提高教学效益，我积极地探索高中语文教学的新路子，逐渐摸索出一条"以读促写、以写促读"的"双促"教学法。为此，有目的、有计划、分步骤地开展了诸如"三段式作文教学""议论文写作套路""逆向思维作文立意训练两法"等十多个专题讲座。同时，为了提高学生学习语文的兴趣，不使语文教学单一化、单调化，我还组织学生进行即兴口头作文、故事评说、三分钟演讲、现场情景作文、片段联想、想象作文、辩论赛、主持人信箱以及成语游戏等多项活动。兴趣是最好的老师，结果许多学生的语文能力得到了提高，对写作也更感兴趣了。

有一年期末，在同兄弟学校联考中，我所教的班学生的语文平均分比兄弟学校高出十多分。我校不同年级的许多班级纷纷邀请我去开语文辅导讲座，许多学生都交口称赞说"听丁老师的课真带劲"。

在众多的课型中最值得一提的是我摸索的"争辩式文言文教学"。这种教学把竞争机制引进课堂，一改传统讲授课"一言堂"的单调沉闷局面，充分调动学生学习的主动性和积极性。

我清楚地知道，语文教学是一门极其广博的学科。古今中外，天上地下，无所不包，无所不及，时代要求中学语文教师必须博览群书、广泛涉猎。为了提高自己的专业修养，我苦修勤学，不懈地努力。几年来，我订阅购买了《读书月报》《中学语文教学参考》《语文学习》《班主任之友》等大量书籍，做了大量的学习笔记、剪报，并坚持每学年起始有读书计划、结束有读书总结、每学期有小结、每一单元有安排，还经常写"教学后记""班主任日记"以及教学论文等。教学之余，还在课外下功夫，苦练普通话、朗诵、书法等。

我清楚地知道，教改实验要有超前意识，要及时了解各方面的最新信息动态。这就需要实验者不断扩大视野，走出校门，多呼吸一些教改的新鲜空气，感受时代的脉搏。因此，我不放过一切机会去参加省市教研部门举办的培训、讲座，市教研室组织的赛事力争都去参加、学习，到南昌二中和三中，以及本市一中、二中听各种教学风格的教师的课。还对全国著名语文教改专家魏书生、张富等人的教学法进行了不同程度地模仿、移植。不断地学习、求教，又不断地思考、领悟，力争创新，不断超越。

春风催桃李

如果说语文教学让我倾注了大量心血的话，那么管理教育学生的班主任工作更是牵挂着我的心。

带班要付出无私的爱。自从做教师以来，我就把爱奉献给了教育事业，奉献给了学生。多年来，校园里的每一寸土地都留下了我的足迹，每一颗学生的心灵都珍藏着我的教诲。1993年11月的一天深夜，有两个学生突然敲开了我的家门：班上童志红同学病倒了。我二话没说，穿好衣服，骑上单车，硬是在寒风中送她找了好几家医院。

带班还要付出全部的热忱。我喜欢班主任工作，几年来我为之付出了很多。不论春夏秋冬，不管事情大小，我经常早上七点半以前就站在教室门口，晚上八、九点钟还到班里去巡视。自任班主任以来，我放弃了许多节假日，教室里、学生寝室里、街道上、名胜旅游处，我和学生进行谈心、家访、郊游、参观访问、知识竞赛、主题班会、读书演讲、辩论赛、文艺联欢、体育比赛。我离不开学生，以至于忘却了周末、忘记了寒暑假，全身心地投入了……

带班更需将热忱与智慧融为一体。在班会课上，我独创了"班级民主信箱"活动，让学生畅所欲言，帮助学生解开思想上的疙瘩。1993年高考前夕，我了解到学生不仅身体异常劳累，而且部分学生还产生了悲观厌学的情绪，认为在四中这样一所刚创办的普通中学读书没有什么前途。对此，我不仅及时用名人刻苦自学的精神鼓励他们，还耐心地拿那些曾经高考落榜后又发奋读书成为名人的事实教育学生，甚至"现身说法"，帮助这部分学生战胜自己、树立信心。

就这样，滴滴汗水润桃李，只要耕耘就会有收获。从1993年至今，我的学生很多很多，考取大学的也很多，其他有的做工，有的务农，有的边陲从戎，有的商海弄潮。每年从一封封报喜的来信中，我感到了莫大的满足；从雪片般的贺年卡、明信片里，我又得到最大的欣喜。这一切证明了做人民教师的价值，更坚定了做人民教师的信念！

痴心地耕耘、不懈地追求，使我得到了更多成功的喜悦。我的语文教改得到了市教研室的领导和老师们的首肯，1993年10月，在市教研室举办的优质课竞赛中获得了一等奖。听完我的竞赛课后，市中语会会长谭宝慈老师夸赞并鼓励我说："有闯劲，后生可畏。"市教研室尹显耀主任也对我寄予了很大希望。对我的"争辩式文言文教学"，市教研室的老师给了很大帮助、支持，市教育局、学校也对这种教学进行了检查、指导和验收，认为它可行、便操作，可以推广。目前这种教法已在四中部分推广。

我还曾获得1992年全市中学语文教师优质课竞赛三等奖、1993年全市中学教师编写教案比赛二等奖、1993年全市中学教师教改点滴经验谈演讲比赛三等奖、校首届班主任工作经验交流演讲比赛二等奖，多次获得校优秀论文奖、优秀教案奖，多次被评为校先进工作者。可喜的是，我在《语文报》上陆续发表了四篇教学论文。1993年还被《中国教育报》聘为《语言文字》之友。

面对这些荣誉，我深知每一次成绩的取得都离不开良好的环境，离不开给予我莫大支持、关怀和帮助的领导、老师、同事和家人。

这些荣誉也更坚定了我从教的执着之心。虽然社会上的"下海风""孔方兄"对教育有冲击、诱惑，但更挚爱自己的职业，那三尺讲台、两寸粉笔、一方黑板更令我神往、留恋。"一根粉笔蘸一腔热血育一代新人，两袖清风擎两把火炬创两个文明"，这便是教师最形象的写照，也是我一直拥有的七彩太阳梦！我，青春无悔！

1994年3月30日

目录

作文教学篇

教学设计篇

阅读指导篇

"语基"训练篇

教学感悟篇

课文足迹篇

作文教学 篇

高考作文得失谈

一、关于今年高考作文的审题

从《智子疑邻》的寓言引出了"感情亲疏和对事物的认知"的话题，审题的关键在于两个提示："感情上的亲疏远近和事物认识正误深浅有没有关系"和"什么样的关系"。可以看出，这个寓言故事带有一定的隐含导向，即以情感判断事物是错误的。大多考生会顺着"富人是受了感情亲疏的影响做了错误的判断"这个思路去构思谋篇，从而确定"正确的认识应当战胜感情的亲疏"的立意，如现实中的任人唯亲、以亲疏关系判断一切等。但应当注意试题中说了一句"但是，也常见到许多不同的，甚至相反的情况"，据此，喜欢创新、想得高分的考生可以肯定"感情亲疏"对认知的积极意义，如"情人眼里出西施"，亲近之情引导审美意识；越了解越能做出正确的判断等。只要切合题意，言之成理又有文采，都可判为好文章。

另外，话题的哲理性较强，考生对"感情亲疏"和"事物认知"关系认识水平的高低将决定文章的优劣。凡紧扣"关系"，论及感情亲疏与认知双向互动作用的文章，只要写得好也可判为切合题意。如果脱离"关系"只谈"感情"或只谈"认知"的文章，写得再好也只判为基本符题意。

至于文体，选择议论还是记叙、抒情都无所谓，但一定要在文章中对话题选择一个明确的立意，即观点明确，模棱两可或打"擦边球""弯弯绕"的文章在作文评改中均得不到高分。从今年评卷来看，各种文体均有佳作，甚至出现了以广告、辩论等形式的创新佳作。

二、今年作文命题评改导向意图：鼓励写议论文

话题作文出现以来，教师大多鼓励学生写记叙文——熟悉、保险，或写散文——语言优美、易得高分，而对议论文的写作训练较少，这客观上导致了

"文学性"与"思辨性"严重失衡的教学现状，导致了学生"理性""思辨性"薄弱、思想苍白等现状。

中学阶段是培养学生理性思维的重要阶段之一，应鼓励中学生用自己的眼、自己的脑去认识世界、认识自我、解剖人性、思考问题，增加思想的广度和思维的深度。教师千万不要用成人的要求衡量学生稍显稚嫩的思维。

基于此，今年的作文命题又回归到了"生活之中的哲理"。广东省评改作文时，要求评卷员"对中学生的议论文要多给予宽容"，大多数评卷员也都对议论文的评改尺度有所放松。这对今后的作文教学是个比较明确的导向。

三、佳作的得分亮点

高分作文或是思辨力强，或是语言流畅生动、善用修辞、文句有意蕴，或是见解新颖、构思新巧、材料鲜活。那些文学积淀丰厚、热爱生活、擅长书面表达的学生，在考场中可以充分展现自己的才华。

认识深刻。学生能透过现象深入本质，认识事物的不同侧面，联系社会的不同方面，紧扣"感情亲疏和认知"有无关系的论题充分说理。如一篇《情与理的抉择》，通过对郑培民同志不徇私情、无私奉献等高洁情操的剖析，阐述既要继承人情传统，又不能感情用事的道理。

材料典型鲜活。既有诸葛亮因错用马谡而失街亭、王安因任用亲人致使电脑公司破产的事例，也有包青天铁面无私的千古佳话。还有一些出自中学语文课文中的材料，如邹忌不因自己妻妾的偏爱、奉承而被蒙蔽；楚怀王因听信身边奸佞亲随而疏远、流放屈原等。

巧用名句。考生的聪明之处在于能把平时学过、记过的名言名句巧妙地运用于作文中，使自己的文章搭上提升文化品位的"直通车"。如"我爱我师，我更爱真理""自私和偏见比无知离真理更远""亲贤臣，远小人""无因喜以谬赏""无以怒而滥刑""智勇多困于所溺""兼听则明，偏信则暗""内举不避亲，外举不避仇"等。

文采斐然。许多佳作中的整句给阅卷者以结构匀称、语脉贯通、气势恢宏的语言美感。精当的排比句使文势增强，如行云流水、排山倒海，读来酣畅淋漓；精彩的比喻句使文章增色增趣；蕴藉深厚的哲理句使文章生辉增亮，令人心驰神往。

巧拟标题。佳作中的许多标题像一双双富有灵气的眼睛，让阅卷者怦然心动、一见钟情。如"唯亲与唯贤""帮理不帮亲""不唯亲·不唯情·只唯实""亲≠真""岂因'亲疏'避趋之""不为'浓情'遮望眼""请勿爱屋及乌""情人眼里出西施"等。

此外，巧设题记、拟小标题、合理分段、书写工整等都是作文得分的亮点。

四、作文失分主要原因

偏题。作文只谈"母爱伟大""亲情无价"等感情，不谈这些感情亲疏造成认知上的错位，或只谈哲学上的实事求是、一分为二和透过现象看本质等抽象的哲理，不谈感情的亲疏。

中心不明确。有些记叙文或散文写得较含蓄，或东拉西扯，或"打擦边球"，观点不易被阅卷老师在短时间内看出。

内容"同构"。考生缺乏创新精神，思维依赖性强，只是对"寓言"进行扩写，或把寓言写成"现代版"的《智子疑邻》，进行人物的简单置换（如"富人"变成"商人""妈妈""老师"，"儿子"变成"我""某要好的同学"，"邻居老人"变成"邻居奶奶"或"伯父"等），把"墙被淋坏"改换成钢笔不见了、花瓶被打破等。这类"同构"作文一般只得及格分。而对"寓言"进行"续写"却是创新作文，写得好的可以得高分。

"热点材料"不占优势。那些热点问题的文章基本上没有因"热点"而得高分，这些材料的运用大多显得很一般，有些"热点"材料的运用甚至显得牵强附会、以辞害意。

故事、感情不真实。所编故事是学生自己不太熟悉的，如"反腐"、改革、经商等故事；所抒发的情感是父母双亡或离异后的痛苦、自己失恋后苦闷等，虚假做作。

此外，缺少文题、错别字和成语病句较多、字数不够、字迹难辨的文章"隐性失分"也较多。

（原载于《语文月刊》2003年7、8期）

谈谈题记的写作

题记是写在文章题目下面的文字，多为扼要地说明的文章内容或主旨，引导全文。写入题记的可以是一首歌的几句歌词、一段警语、一句格言或名言，从写作指导的实践看，一般要写出略有文采的句子为佳。"题记"的文体适用较广，记叙文、散文、议论文均可。

中学生作文喜用"题记"，这无可厚非，然而要用得贴切（不是作为点缀或摆设）并不太容易，因为那要有一定的文化积淀，并且经过提炼筛选才行。别具情趣的"题记"引导全文通常有以下作用：

一、扼要点题

题记点题，不但在结构上收拢全文、收束文脉，更重要的是让读者（阅卷者）能及时充分、准确地把握文章的中心思想，对文章做出恰如其分的评价。如作文《可贵的问号》的题记："生活中的问号，是开拓未来的钥匙——巴尔扎克。"

二、揭示主旨

题记要揭示文章主旨，给读者以深刻的印象。下面两段分别围绕"诚信""选择"话题的题记就很好地揭示了文章的主旨。

1. "如果你失去了金钱，你只失去了一小部分；如果你失去了健康，你只失去了一小半；如果你失去了诚信，那你就几乎一贫如洗了。"

2. "选择意味着放弃与痛苦，但若没有开刀的危险，哪来康复的希望？"

三、增添文采

用词生动、句式灵活、善于运用修辞、文句有意蕴的题记能给文章增添不少文采，是文章的一大亮点。如1999年高考优秀作文《假如记忆可以移植》，仅"题记"一句便可见语言的功力："一生一世，斗转星移，眼前景物一一散尽，唯有那美好的记忆，徜徉流连，亘古不衰。"四字一组的短语用起来十分老到熟练，给人留下深刻印象。

四、渲染气氛

借助名言名句，或运用比喻，或借助古诗词的"起兴"手法交代缘起，渲染故事的气氛。如作文《两个人的春天》的题记："说起来是一段故事，回头看已是从前，不一样的天空，不一样的时间，勾起的感觉又一次拨动我的心弦。"

在写作当中，有些学生不了解题记的写法和作用，常常出现许多不当之处。因此，运用题记要注意以下几点：

1. 忌滥用

有些学生文必写题记，不当用也用。要记住形式是为内容服务的，应根据文章的具体情况和要求运用题记。

2. 忌牵强

有些学生写题记，不管它是不是和文章有联系，能不能概括文章主旨、导引全文，只要它美、自己喜爱，就生搬硬套、牵强附会。要记住，题记和文章风马牛不相及，再好也没用。

3. 忌冗长

烦冗的题记不但起不到概括文章主旨、导引全文的作用，反而会因它害文，令读者（阅卷者）生厌。下面这段是围绕话题"心灵的选择"的题记，超过了100字，而全文才800多字，这种题记是不是冗长呢？

"海鸥飞过海洋是大海赋予它们神圣的权利。一路走来，虽然没有像海鸥一样搏击长空、面临惊涛骇浪，却也经历了许多考验与选择。心灵的成长已经是一种骄傲与资本，其中的五味在慢慢地成长中散发着诱人的幽香，而心灵的选择是五味中最灿烂的一枝独秀。"

（原载于《语文世界》2003年第10期）

作文要"有文采"

"有文采"是高考语文《考试说明》对作文"发展等级"的要求之一，即讲究作文语言的艺术性。这是在语言通顺的基础上提出的高一个层次的语言标准，或是用词生动，或是词语丰富，或是句式灵活，或是善于运用修辞手法，或是文句有意蕴、有情感、有画面。那些语言干瘪、缺乏美感、不生动、不形象、没文采的文章，不能引起评卷老师的兴趣，往往归入低档作文。因此，学生在运用语言方面，只要有某一点闪光精彩的地方，教师都应该加以肯定和鼓励，引导他们在通顺的基础上发挥自己的语言。

那么，怎样使作文语言有文采呢？

一、摛藻布彩

马克思说："色彩的感觉是美感最普及的形式。"文学作品只有将五光十色的自然风光和社会生活织进语言的锦缎，融成生动的艺术画面，才能使人赏心悦目。文学作品的色彩美，就是利用色彩和色彩的关系、色彩和感情的关系，通过颜色字的表达，唤起人们的美感。

刘白羽的《长江三日》描写航船经过巫峡这条"迂回曲折的画廊"时，船随山转，画面色彩不断变化："突然是深灰色的石岩""突然是绿茸茸的草坡"，又有"一堆堆给秋霜染得红艳艳的野草"，由深灰至淡绿，再转为艳红，随船的流动，灰、绿、红三色依次出现，错落变化，构成一幅绚丽多姿的山水画，于流动变化中显现出色彩的和谐。

鲁迅在《故乡》中写道："深蓝的天空中挂着一轮金黄的圆月，下面是海边的沙地，都种着一望无际的碧绿的西瓜，其间有一个十一二岁的少年，项戴银圈，手捏一柄钢叉，向一匹猹尽力地刺去。"圆月一般都是银白色的，月光下的西瓜看上去也是黑黝黝的，"金黄""碧绿"都是为特殊需要而敷的"条件色"。"金黄"色象征着崇高、庄严，并带有神秘的意味；"碧绿"是鲜艳明丽的色彩。而且，深蓝的天、金黄的月、碧绿的西瓜、银光闪闪的项圈，色彩的配合是多么协调，确是一幅令人心驰神往的"神异的图画"。这是融情入景，通过对色彩进行异乎常规的处理而构成的一种变色的和谐，饱含着作者对画中人物的满腔深情。同时，越是将回忆中的理想境界写得美妙、富有诗意、富有浪漫色彩，画中人物的现实境遇便越显得凄惨，越具有悲剧性。这诗情画意地描写，表达了"我"对理想中故乡的眷恋和对现实故乡的失望之情。

二、文白相映

文言句式言简意丰、典雅端庄，口头语言自然鲜活、明白晓畅，巧妙使用都会增加文章的色彩。例如，"任何一个人都或多或少有自己的一点长处。愚者千虑必有一得，这一得之功、一技之长，或许正是别人之短。别人难能者，我能之，岂非得天独厚哉？我是冬瓜苗，决不打算结辣椒，冬瓜虽不红，却比辣椒大，各自显神通。"这段话中"愚者千虑必有一得"直接把古语化入自己的文章，"别人难能者，我能之，岂非得天独厚哉"使用文言句式，"我是冬瓜苗……"则纯粹口语，自然贴切，与文言句式相映生辉，使文章大为增色。

三、同义对举

汉语词汇丰富多彩，在表达同一个内容时，为避免相同字面的重复，使文笔更加生动活泼，读者感受深刻，便要选择同义对举的表达方式。

例如：

"左顾有山外青山，右盼有绿野阡陌。"（李乐薇《我的空中楼阁》）

如果将例句中的同义异词改为同词，即"左顾有山外青山，右顾有绿野阡陌"，或者前后都改用"盼"字，虽然文句也连贯，但显得重复单调、呆板干瘪，缺少一点音韵美，影响了感染力。

再如以下例句中画线字词，运用同义对举也产生了许多语言美感。

"登山则情满于山，观海则意溢于海。"（刘勰《文心雕龙》）

"船随山势左一弯，右一转，每一曲，每一折……"（刘白羽《长江三峡》）

"真的猛士，敢于直面惨淡的人生，敢于正视淋漓的鲜血。"（鲁迅《记念刘和珍君》）

四、整散结合

整句是一组形式短小整齐、结构相近、气势贯通的句子，而散句的形式灵活多样、结构简单、句式独立。在文章中整句和散句如能灵活搭配、交替使用，会收到互衬互补、文采斐然、变化多姿等理想的表达效果。例如：

"李月久的杠上动作那么娴熟、那么新颖、那么高雅惊险、那么干净利落，就连他那矮墩墩的身子，也已经变成了一种令人惊叹的美。"

这个例句用四个短语组成两组整句和最后一个散句互补互衬，把动作美和体型美结合起来，鲜明地表现出李月久体操姿态优美的完整形象，充分发挥了整散结合的修辞作用，使行文既整齐匀称、语音和谐，又参差错落、摇曳多姿。

又如《走进四季》中的一段：

"我不愿迷恋'秋天漠漠向昏黑'的黯淡情调，也不愿感叹'夕阳无限好，只是近黄昏'的凄清无奈，更不愿'为赋新词强说愁'让金秋笼罩愁绪。正如陶渊明偏爱菊，我独爱那一片火红的枫林，秋风萧瑟，枫叶随风轻摆，那红是激情，是斗志，是积蓄力量抵御寒冬的准备，是走向成熟的韵味。品味金秋，品尝硕果，这是怎样的一种喜悦！"

这段文字句式灵活多变，长短句相间，整散句结合，读起来朗朗上口，听起来流畅悦耳，令人拊掌击节。

五、仿写翻新

对现成的语言成果进行改造，也能达到活用语言的目的。现成的语言成果如成语、格言、俗语等凝固化语言形式本来就有表现力，不过是作为一个整体使用的，如果把它们的各个构件拆开，依据表达的需要重新组合，进一步发挥，那么它们的表达作用就会"更上一层楼"，给人以耳目一新之感。

例如，有时候在写作某内容时联想到了某句歌词，很想引用，但又觉得用之不切、弃之可惜。这时候，教师可引导学生采用灵活机动的战略战术，对它予以适当地加工改造，使之变为己有，从而更好地为表情达意服务，这叫"杨柳翻新枝"。如在机会面前"该出手时就出手"，对于同学之间的分歧、争论就要变为"该收手时就收手"，在辩论会上"该出口时就出口"；要表达自己从事某种职业的愿望不是"长大后我就成了你"，而是"长大后，我要成为你"；铃声敲响，但仍不愿与朋友别离，便可以说"其实我不想走，其实我很想留"，但"嘀嗒的钟声敲打着我的无奈"，我只好说："啊，朋友再见！"

总之，教师要帮助学生消除"文采高不可攀"的思想，指导学生认真品读有文采的精美作文和语言有特色的高考优秀作文，帮助他们确立适合自己实际的语言目标，掌握方法，认真训练，在较短的时间使文章展现出亮丽的语言色彩。

话题作文要"七新"

创新是一个民族的灵魂，是一个国家兴旺发达的不竭动力。培养学生的创新精神和创新能力，是语文学科的重要任务之一。高考作文在"发展等级"中设立"有创新"的条目，目的在于鼓励学生培养创造性思维。作文之难，归根结底难在创新；作文之贵，也贵在创新。只有创新才有生气，才有活力，才能感人。

一、立意贵新

文章最忌随人后，立意贵新。"文以意为主。"文新，首先是意新。立意新，就是要多角度观察、思考，在相同的表象中找出不同的因素来，摒弃陈规，发前人所未发，着意求异。刘熙载在《艺概》中说："明理之文，大要有二，曰：阐前人所已发，扩前人所未发。"意思是说，凡属议论性文字，不外乎两种情况：或阐发别人已提出的观点，或独抒自己的新鲜见解。但无论是前者还是后者，都要有新鲜感和现实感，力忌大话、空话、套话，务去陈言老调，要写出自己独特的感受和见解。

相反，有些考生在把握作文题意后，往往产生一种求稳、求保险的心理，即顺着题意很自然地进入到某一惯用的思路中，于是考场上出现了大量文意肤浅的平庸之作。而那些精品作文，则往往运用一种更加高远的立意使题旨得到深化。比如《凭心灵选择》，作者将目光聚焦于"心灵的痛苦"上，从陈寅恪"独立之精神，自由之思想"的人生选择中凸显一代哲人的风骨，进而联系社会转型期对人文精神的召唤，坦陈了自己无悔的选择——以"人文科学作为我终生的事业"，使文章切中时弊，思想境界升华到一个新的高度。

从思维方法上看，立意的创新乃至出奇制胜，除了要求由线性的顺向思维向深远处发掘外，还要求具有逆向思维、发散思维等方式。总之，要"在别人司空见惯的东西中发现出美来"，文章立意也就会出"新"了。

二、角度求新

有道是"文章最忌随人后，新识卓见自然佳"。作文人云亦云，立意平淡浅显，自然只能让人望而生厌。要表达新鲜的见解，就必须善于思考、勇于思考，在广泛认同的某些看法中找到新的视角，对那些视为真理的东西进行反思，这样才可能有新思想、新见解迸发出来。

角度新，就是打破常规思维，选取新的切入点进行写作，最好能写出"亏他想得出来"的文章；角度新，就要千方百计地避免与人"撞车"，有意识地突破常规性视角，追求新颖别致，文章才能引人入胜。

三、构思要新

精巧的构思，巧合的情节，能使作品锦上添花、出奇出新。这就要求我们牢记四个字：起、承、转、合。"起"要引人入胜，扣人心弦；"承"要波澜起伏，跌宕有致；"转"要迂回曲折，疏密相间；"合"要如雷贯耳，余音绕梁。总之，读完全文要有出人意料之外，又有在情理之中的感觉。如曹禺的《雷雨》中，夫妻、父子、父女、母子、兄弟、兄妹的奇遇与巧合；孙犁的《荷花淀》中，女人们去找丈夫是"踏破铁鞋无觅处"，却在敌人追来时在荷花淀里"得来全不费功夫"，还引来敌人送给游击队消灭个彻底，这些都表现了作者构思的精巧。

精巧的构思，贵在一个"新"字。无论是体式的选择、思路的梳理，还是结构的安排，都要不落俗套，给人耳目一新之感。但这种"新"绝不是故弄玄虚、离奇怪诞，它必须源于生活的真实，即写出人人心中有之而笔下没有的东西。只有这样才能令读者感动，产生共鸣。巧构思还要求在写作过程中思路连贯，首尾照应，富有严密的逻辑性。要善于利用多种表达方式，不仅使情节引人入胜，还要使材料的安排有利于表现主题思想，写出自己的真情实感。

四、材料出新

选材要与众不同，应该是最近发生的，具有鲜明的时代特色和现实生活气息。即使相同的材料，也可以从不同的角度去思考，以期产生新意，让人感到"远近高低各不同"。记叙文《街道偶遇》，大多数学生的选材是：街边有一讨乞者，"我"看到大家纷纷为乞者解囊，开始时无动于衷，后来想到雷锋，也就献出一点爱。但也有位学生的选材体现求异精神：人家解囊"我"不解，并尾随乞者到了一处豪宅，见乞者洗澡后衣锦而出，俨然一位阔佬。后一种选材虽是"暴露"，但材料真切生动、深刻新颖。

议论文要出彩，第一突破口便是"论据"（材料）。而材料的选取，应在"可信的基础上力求新鲜"。

1. 宜举名人的事例和言论，因其具有典型性和权威性。《庄子·寓言》中说："重言十七。"援引"重言"的效果就是"世之所重，则十言而七见信"。

2. 宜举相对冷僻之名人，以免老生常谈，屡见不鲜。比如举叔本华则胜于举爱迪生，举陈寅恪则胜于举郭沫若。

3. 宜举名人之新鲜事例和言论。如举马克思的言论，则"搬运夫和哲学家之间的原始差别要比家犬和猎犬之间的差别小得多"必胜于政治课本所举之言；举马克思之事例，宜选择"马克思吸烟又快又猛，而且时常将一半放在嘴里嚼。他写《资本论》的稿酬不够偿付写作它时所吸的雪茄烟钱，而晚年竟以顽强的毅力戒烟"这种非"大路"的事例（这个例子可以用来论证"毅力"）。

五、语言翻新

清代戏剧家李渔说得好："词人忌在'老实'，同一话也，以'尖新'出之，则令人眉扬目展，有如闻所未闻；以'老实'出之，则令人意懒心灰，有如听所不必听。"

出"新"的文章必然在语言上下功夫。语言出"新"，重在一个"鲜"字。在强调语言规范、准确、连贯的基础上，要注意运用鲜活的语言来写人叙事、表情达意，用丰富的词语、灵活的句式、精妙的修辞、富有意蕴的文句等使文章辞采粲然。鲜活的语言绝不是人云亦云、拾人牙慧，而是"词必己出""务去陈言"，它追求的是一种最准确、最生动、最独特的表达方式。如贾平凹在散文《延川城》中的表述："这个地方花朵是太少了，颜色全被女人占去；石头是太少了，坚强全被男人占去；土地是太贫瘠了，内容全被枣儿占去；树木是太枯瘦了，丰满全被羊儿占去。"这样的语言表达方式新鲜、独创，令人过目不忘。

语言鲜活精美、新颖脱俗，必令人赏心悦目。为此，学生至少要注意以下几点：

1. 活用修辞方法，化抽象为具体，变枯燥为生动，化腐朽为神奇。如"这年寒假，我迷上了网页设计，整宿整宿地不睡觉，可谓走火入魔。'入魔'过了火，父亲免不了要大发雷霆，喝令'查封'电脑"几句，运用了修辞格，引用了武术术语和现代新词语，使文句既活泼俏皮，又富于自我解嘲的情味。

2. 推敲动词和形容词，使文章语言鲜明生动。如"奶奶站成一轮弯弯的月亮，目送着孙女远去"，句中动词和形容词的锤炼使"奶奶"的形象犹如一尊雕塑凸现于眼前。

3. 力求含蓄风趣，使文章活泼，不觉呆滞。如"清晨，总是'夕阳红'迎来一轮红日，打那尚处迷糊状态中的太阳刚露出一点笑脸，公园里早一片'刀光剑影'了"，这里不说老年人而说"夕阳红"，不明写耍刀舞剑的晨练情景，而用"刀光剑影"来描摹，这不白不露的语言含蓄新颖，且不乏韵味。

另外，注意褒词贬用、借用熟语和旧词新用等写法，也可使文章诙谐风趣，赋予新的意蕴。

六、形式变新

作文不仅要有好的内容，还要用令人拍案叫绝的形式将它表达出来。2002年高考作文体裁非常丰富，除了标准的记叙文和议论文外，有研究型的小论文，还有散文诗、诗歌、小小说、寓言、童话、剧本（包括元杂剧的仿作）、访谈录、相声、书信（包括检讨书）、演讲、民间故事、故事集锦等，可谓诸体纷呈、花样迭出。其中不少成功之作有很强的"冲击力"，给人以耳目一新的感觉。如《内心世界测试卷及详解》，借助学生最常见而又感触最深的试卷形式完成作文，以四道关于"心灵选择"的试题（甚至引入了数学函数图表）切中话题，而"测试"与"详解"的结合又较好地表现了作者的见解，保证了文章的成功。再如《非常周末，心灵的选择》很有创意地营造出一个虚拟剧场，将雷锋、和珅、胡长清和秦桧四个不同时代的"名人"聚集于同一档电视节目中，让他们直接面对选择。由于人物选择得当，使读者很好地进入戏剧情境。而主持人的打分又造成悬念，使文章具有一种激动人心的效果。

七、开头创新

开头平淡的文章即使内容再精彩也很难吸引阅卷者的注意。因此，要想迅速吸引阅卷者的视线，开头几行的文字不可小觑。话题作文开头常见的创新方法有如下几种：

1. 运用特写

为吸引阅卷者注意，不妨运用"特写"镜头，开头即让人物"闪亮登场"，运用第一人称的自白来表现主题。如"在下姓诚名信字不欺，人心之人也，我伴宇宙而生，赖人心而存，上可溯古，下可耀今，远可助邦交，近可益亲朋"。（江西一考生满分佳作《岂可弃我——"诚信自述"》）

2. 修辞开头

可增进文采或加强语势，使读者如饮醇酒，回味无穷。如"余光中说：'朋友有四种，一种高级而有趣，一种高级而无趣，一种低级而有趣，最后一种低级而无趣。'所谓高级，不外乎健康美貌外在美、诚实信用心灵美、机敏才学学识美、金钱荣誉权势美。可惜这样的完人少而又少，可遇而不可求"。（江西一考生满分佳作《诚信——人生的航标》）

3. 描写入题

对于选择记叙这一文体的考生而言，不妨借景传情，或者通过景物描写再现当时的情景，又或者以此为中介，为下文刻画人物创造意境。如"已经是深夜了，司马迁透过天牢的小窗，望着那漆黑的夜。幽蓝的天幕上，不见星也不见月，几处乌云低低地沉着，带着令人窒息的压力。暮秋的风裹着寒气，钻进每个角落，包括司马迁那件破旧的长衫"。文段通过想象，再现司马迁受刑后的情景，由景入情，显得情真意切。

4. 抒情入题

开头就抒情诱人、浓情蜜意、荡人心魄。如"仰首是春，俯首是秋，岁月的车轮无休止地转动着。日月经天，江河行地，牵扯出四季轮回，哺育出生生不息。大自然选择了美，那美令人难以抗拒，而人类又能否在心灵的湖泊中划出那道美的弧线"。

5. 编写故事

考生可紧承原材料结尾展开充分合乎情理地大胆想象，或从材料中获取一点"节外生枝"。如"话说诚信被那个'聪明'的年轻人投弃到水里之后，他拼命地游着，最后来到了一个小岛上。'诚信'就躺在沙滩上休息，心里计划着等待哪位路过的朋友允许他搭船，救他一命"。这篇以情节取胜的满分佳作紧承原材料，沿着命题者所设置的知性与感性结合的思维领域，让"诚信"在人生的长河中继续漂流，从而将"诚信"这一话题引向对现实生活更深层次的思考。

最后须强调的是，文贵出"新"，必须打破"框框"、消除"定式"、争取"自由"。这种"自由"包括"精神的自由"和"笔墨的自由"。要善于用自己的眼睛去观察、用自己的头脑去思考、用自己的心灵去感悟，不要被一些人为的、机械化的作文模式牵着鼻子走，这是话题作文出"新"的先决条件。

［原载于《读书月报》（高中版）2003年第6期］

磅礴大气入文来

时下，许多学生的话题作文立意肤浅、选材范围小、文思不开阔，他们的文章常常以自我为中心，在个人的忧愁喜乐中浅吟低唱、顾盼流连，在个人的小天地里一味沉溺、目光如豆、心胸狭小，甚至缺乏"老吾老以及人之老，幼吾幼以及人之幼"等推己及人的胸襟，缺乏"先天下之忧而忧，后天下之乐而乐""为中华之崛起而读书"等以天下为己任的崇高思想境界，缺乏"看万山红遍，层林尽染"的格调高昂和语气豪迈。那么，如何去除这些弊病，让学生的作文"大气"呢？

"工夫在诗外"。中学生要树立远大的理想，在平时要注意加强自己的品德修养，培养高尚的情操，时刻把自己的命运同社会的命运联系起来，"胸怀祖国，放眼世界"。同时，努力培养自己的良好品格，做坦坦荡荡的君子。中学生要积极参加社会实践活动，丰富自己的知识，拓展生活视野，特别要博览群书，扩大阅读面。好诗妙词展眼带过，名著佳作信手翻来。经过一定的积累，读书阅报便知"子在川上曰""黄河之水天上来"，高歌"大江东去"；吟诗作赋就会"怒发冲冠，凭栏处""问苍茫大地，谁主沉浮"？仰天长啸"生当作人杰""我以我血荐轩辕"！

以上说的是写文章能"大气"的条件之一，在人的秉性才情里必须融入"大气"。下面谈谈具体作文时要"大气"的一些方面。

立意要"大气"。作文的关键在于立意，而立意的高低上下、"大气""小气"取决于作者的胸襟视野和思想深度。从平凡的生活现象中透过表面挖掘出深刻的思想内涵，特别要发现生活中的新动向，选择富有时代气息的材料，注入时代的血液，与时代、社会共脉搏，这就是"文章合为时而著，歌诗合为事而作"。如《病梅馆记》，作者龚自珍针对晚清积贫积弱的现状，跳出赏梅叹春、孤芳自赏的个人小天地，叹惋病梅，旨在为天下呼唤更多的人才。又如《茅屋为秋风所破歌》，颠沛流离的杜甫，茅屋遭冷雨、秋风、顽童的破坏，已是痛苦落魄、贫困交加了，但他并没有囿于个人的冷暖苦乐，而是心系天下，大声祷告："安得广厦千万间，大庇天下寒士俱欢颜。"再如以"教训"为话题的作文，如果局限于对自己的错误、失败做检讨、找教训，那立意未免肤浅，思路未免狭窄了点。而如果从人类与大自然的关系上谈，由于某些人对大自然的肆意掠夺、破坏或严重污染，造成了环境的恶化，破坏了生态平衡，进而呼吁人类必须吸取教训，增强环保意识，这种立意就棋高一着、视野开阔、深邃高远"大气"了。

抒情要"大气"。写作要有激情，抒情更要有激情，喷薄而出的激情往往出自大手笔，能写出大气磅礴的美。徐迟的散文《黄山记》便有一种"大气"美。文章居高临下，气势恢宏，以饱蘸笔墨的深情、热情奔放的语言，极尽抒情之能事，给读者描绘出一幅风云变幻的山水画卷。作者激情澎湃地称大自然为"大手笔"，安排了黄山这一人间胜境。其实，作者强烈的抒情、热情的礼赞又何尝不是大手笔呢？鲁迅在《记念刘和珍君》中因目睹青年"淋漓的鲜血"和反动派的"虐杀"与无耻谰言，作者"出离愤怒"了，在大声诅咒"这似人非人的世界""何时是个尽头"的同时，还大声向世人发出振聋发聩的呼唤："真的猛士，敢于直面惨淡的人生，敢于正视淋漓的鲜血。""沉默啊沉默，不在沉默中爆发，就在沉默在灭亡！"

议论要"大气"。鲜明的论点，层递严密的论证，强烈的理性光芒，能使议论具有充沛的气势。如堪称古代论说文典范的苏洵的《六国论》就完美地体现了论证的一般方法和规则，围绕中心论点"弊在赂秦"展开论证，既深入又充分，逻辑严密，无懈可击。全文不仅章法严谨，而且富于变化，纵横恣肆，起伏跌宕，雄奇遒劲，具有雄辩的力量和充沛的气势。又如魏征的《谏太宗十思书》，语句坦诚，字字惊心，十条劝诫铺排罗列，勾连而下，笔力雄放，气势不凡。

描写要"大气"。描写有精雕细刻的工笔描绘，也有抓住特征、追求神似的简笔写意，更有气势恢宏的大笔勾勒，而后者很能体现文章的"大气"。例如吴伯箫在《歌声》中对延安唱歌场面的描写，画面开阔，意境深远：

"露天会场。西边是黑黝黝的群山，东边是流水汤汤的延河……合唱开始……随着指挥棍的移动，上百人，不，上千人，还不，仿佛全部到会的，上万人，都一齐歌唱。歌声悠扬，淳朴，像谆谆的教诲，又像娓娓的谈话，一直唱到人们的心田，又从心里唱出来，弥漫整个广场。声浪碰到群山，群山发出回响；声浪越过延河，河水演出伴奏；几番回荡往复，一直辐散到遥远的地方。"

作者先描写了坐落在延河蜿蜒、群山环抱中的露天大会场，然后写大合唱的场面。写大合唱时，先引出歌声，再写上千人、上万人随着指挥棍的移动一齐歌唱。整个场面是鸟瞰式地描写，充满了磅礴大气。

修辞要"大气"。适度的夸张、恰当的博喻、连珠炮似的反问和排山倒海般的排比，都能使文章洋洋洒洒、恢宏大气。"飞流直下三千尺，疑是银河落九天"是奇思妙想、天才夸张的"大气"；"田田的叶子……像亭亭的舞女的裙……正如一粒粒的明珠，又如碧天里的星星，又如刚出浴的美人"，这是博喻的"大气"。最能反映文章"大气"的修辞手法是排比。唐杜牧《阿房宫赋》开头"六王毕，四海一，蜀山兀，阿房出"四个短句，气势非凡，先声夺人，写出了秦始皇一统天下的豪迈，写出了阿房宫营造的非同凡响，真是笔力千钧。接着描写阿房宫的雄伟壮观，写阿房宫里的美人、珍宝，感叹统治者的奢靡。无论描写还是议论，都大量采用了排比的手法，叙事言情极尽细致，气势夺人，大气磅礴。

[原载于《作文周刊》（高中版）2004年第2期]

作文素材课本来

历来的文章大家，没有谁是不注重积累材料的。而一切传世之作，也没有一篇是内容空泛的。刘勰在《文心雕龙·事类》中说："据事以类义，援古以证今。"又说："明理引乎成辞，微义举乎人事。"即是告诉我们：阐明道理应当引用别人的现成言论，说明某一观点也要援引有关的事例。要想写出传世佳作，必须占有丰富的素材（议论文中叫材料、论据）。而论据的搜集问题在本质上是一个学习的问题，是一个知识储备的问题。它包括学习书本知识，也包括对人生、社会、世界的了解和掌握。中学生由于社会接触面窄，生活阅历浅，他们获取材料的重要途径仍然是课本。

有人认为高考语文不考课本或与课本关联不大，因而轻视课本、放弃课本。殊不知高考"以本为本"，学好课本不仅为我们打下坚实的基础，而且还能丰富作文的材料。在今年的高考作文中，围绕话题"感情的亲疏和对事物的认知"，许多佳作就引用、化用、巧用了课本中的材料。

《擦亮心灵的窗户》（广东考生）一文，援引高中语文第一册《邹忌讽齐王纳谏》中的事例：邹忌善于理性思考，不为妻、妾、客所蒙蔽，以己推人，将个人私事同齐国的国事联系起来，向齐王进谏，终使齐国"战胜于朝廷"，称霸一方。之后，作者阐明感情的亲疏有时的确会给生活蒙上一层虚假的面纱，使我们的眼睛模糊难辨真假，但只要我们能擦亮心灵的窗户，保持一颗理性的心，真理就会从迷雾中绽放光芒。全文紧扣话题，事例论证有力。

《走出情感的迷宫》（广东考生）在论述认知和处理事物时，认为不要被亲情所困，要有理性，走出情感的迷宫。作者引用了高中语文第四册《失街亭》中诸葛亮挥泪斩马谡的事例，并独辟蹊径地认为，诸葛亮挥泪斩马谡不是因为对马谡没有怜悯，而是因为他心中装的是对天下黎民苍生的怜悯。文章内容充实，所用材料切合题意。

《请多给自己一份理智》（广东考生）一文，在论及许多人常常因个人的感情亲疏而误事甚至误国时，引用了高中语文第六册《屈原列传》中楚怀王因听信自己身边的奸佞小人而疏远屈原，最终亡国。论据典型，论证有力，很好地证明了自己的观点。

此外，还有一些围绕今年高考话题的作文也出自中学语文课本、读本的事例和言论。如《鸿门宴》中项羽因听信自己叔父项伯的话，优柔寡断，最终放虎归山，铸成千古恨；《触龙说赵太后》中，触龙说服赵太后不要因偏爱儿子而耽误赵国前途的故事。再如《谏太宗十思疏》中"无因喜以谬赏，无以怒而滥刑"；《石钟山记》中"事不目见耳闻，而臆断其有无，可乎"；《改造我们的学习》中的"实事求是"；《吕氏春秋·去私》中的"外举不避仇，内举不避子……祁黄羊可谓公矣"；"吾爱吾师，吾更爱真理"（亚里士多德），这些观点都可以作为论证走出主观主义思维模式的理论论据。

课本是基础，学好课文、用好课本，作文运用论据时才可信手拈来，为我所用。当然，学好、用好课本的价值还远不止于此。

（原载于《考试报》2004年9月）

也说名言名句的引用

名言名句是前人思想和智慧的结晶，散发着超越时空的魅力，闪烁着永恒的灵感和诗意的光芒。我们在说话或者写作时恰当地引用名言名句，不仅能增加说话或文章的色彩，使说话或文章更显生动、形象，而且富有文采，增强说服力。同时，名言大多具有精粹凝练、寓意深刻的特点，若运用得当，往往有画龙点睛的功能，更能让读者（评卷者）如饮纯酿，回味无穷。古人说，运用之妙，存乎一心。

那么怎样在说话或作文时恰到好处地引用名言名句呢？

简单的做法是直接引用和间接引用，或者叫明引和暗引。比如，语文就是龚自珍"落红不是无情物，化作春泥更护花"的献身精神；语文就是文天祥"人生自古谁无死，留取丹心照汗青"的浩然正气；语文就是苏轼"谁道人生无再少？门前流水尚能西"的超脱与豁达；语文就是杜甫"感时花溅泪，恨别鸟惊心"的无奈与感伤。

又如，我在"流水落花春去也"中感受到了李煜人生沉浮的无奈；我在"人生如梦，一樽还酹江月"中体味苏轼壮志难酬的压抑；我在"征鸿过尽，万千心事难寄"中聆听李清照国破家亡的心语。

无论是哪一种，它们都必须与所论证的观点或文章的中心相一致，并且在行文上自然和谐，能融为一体。还要注意直接引用和间接引用的区别，直接引用务求文字和标点均准确无误；间接引用只需述其大意，但要注意人称的转换。

将名言名句化解开来，根据表达的需要再重新组合，灵活运用，形成文章中一个有机的部分。这种做法看似信手拈来，却是深思熟虑。既是语言的创新，又是思想的升华。比如：

"思念使诗圣叹故乡月明，思念使女词人瘦比黄花，思念使豪放派领袖幽梦还乡，思念使婉约派泰斗酒醒柳岸，思念使南唐后主不堪回首，思念使香山居士长忆江南，思念使异乡为客的摩诘先生逢佳节而思亲，思念使爱国诗人铁马冰河入梦境，思念使边塞诗人老态龙钟东望故园……"

这段文字中把前人的诗文妙句融化为自己的语言。再如，王实甫的《西厢记·长亭送别》中"碧云天，黄花地，西风紧，北雁南飞。晓来谁染霜林醉，总是离人泪"就是点化了范仲淹的《苏幕遮》中"碧云天，黄叶地"的句子；白居易的《长恨歌》中"回眸一笑百媚生，六宫粉黛无颜色"点化了韦应物的"西施且一笑，众女安得妍"诗句的意境。

大家喜欢的流行歌曲更是善于化用唐诗宋词来营造氛围、表达情怀。如白雪的《声声慢》、冯小泉的《中华民谣》、刘海波的《人面桃花》、轮回乐队的《烽火扬州路》、陈明的《灯火阑珊处有你》、陈小奇的"涛声依旧三部曲"（《涛声依旧》《白云深处》和《巴山夜雨》），等等，不胜枚举。

对引用的名言名句，最好能稍加解释，不必字字落实，意译为主，同时联系观点，做出阐发。如我们写《交友之道》，谈及"人贵在相知"可引用"李白说过：'人生贵相知，何必金与钱。'人与人的友情是最珍贵的，难以用金钱来衡量"。前一句话引用李白的诗句，其中"人生贵相知"极好地契合了观点；后一句话既解释了诗句的大意，也做出了自己的阐释，友情贵于金钱。

如果引用的名句是现代或者外国的通俗语句，字面意思的理解不存在障碍，我们就要抓住引文中的关键字句——与论点密切相关的内容来加以分析，把它的内容更明确地揭示出来。如果其中用到比喻、象征等修辞手法，更要做一些论述，使论据含义清楚地显现。

如同样写《交友之道》的"人贵在相知"，我们引用了下面一些名言，并做了进一步地阐释："罗曼·罗兰说过：'智慧、友爱，这是照亮黑夜的唯一光亮。'友情在我们生活中就像黑暗中的火光，在失意灰心的'黑夜'格外珍贵——它让我们看到了希望，看到了光明，才有了继续下去的勇气。"前一句话是原文引用，后一句话则抓住了"照亮""黑夜""光亮"等字眼，揭示了它们的含义，点明了友情的珍贵。

所以，引用名句要在引用原文之后，抓住关键的内容，紧扣观点，给出自己的分析。

值得说明的是，我们所引用的名言警句等针对性要强。每句名言都产生于特定的背景，都应用于特定的交际目的，即使谈同一个问题，也有不少名言可供选取。要仔细分析每个论据的特有功能，将它引用到最恰当的语言环境之中。

例如，强调立志的重要性，要选用"三军可夺帅也，匹夫不可夺其志"；强调志向高洁远大，要选用"燕雀安知鸿鹄之志"；某同学沉湎于上网，要选用"玩物丧志"；某同学不能持之以恒、一曝十寒，要选用"有为之人立长志，无为之人常立志"。

他山之石，可以攻玉。将自己平时积累的名言故事、诗词歌赋恰当地引入讲话或作文中，不仅展示了渊博的学识，更使得讲话或文章锦上添花，风采卓然。当然，引用应遵循"有关""有度"的原则，只有恰到好处的引用才会让读者如饮纯酿、回味无穷。

功夫在诗外

——谈谈教学论文的写作

一、饱学诗书做底垫

广泛地阅读对教学论文写作的积累和酝酿非常重要。书要读得多、读得杂，才能使自己的眼界开阔，只有"眼高"才能"手高"。拿语文教学来讲，不仅教学类书籍要读，政治、经济、哲学、历史、美学乃至自然科学都要读。只有不停地跳将开去，才能把语文教学俯视得更透彻。书要读得专，对教学中的某个课题（比如"研究性专题""快速作文教学"等）可以找来各种报刊、书籍上的有关资料进行专门研读、综合比较，再从中兼采百家之长，广开思路，力争站在这一课题的最前沿，了解教改的最新态势，才能为写出有独到见解的教学论文做好积累和铺垫，所谓"劳于读书，逸于作文"。

二、总结传授思路

许多教学论文的完成，是经历了长期艰苦、浩繁、细致的教学之后，点点滴滴积累起来的。如果一个教师只注重他所传授的科学知识和基本技能，不懂得从理论和实践的结合上学习教育本身这门科学，没有注意把感性认识上升到理性认识，不会应用理论指导自己的教书育人，那么他在教学上就不会有什么建树。因此，一个好的教师首先应把教学中积累的经验上升为理论，才能更好地指导自己的教学工作。而完成这一飞跃，就需要教师做有心人，把自己的各种教育教学活动写成教学杂记，把那些看似琐碎、微不足道的，但又很有意义的教学个案、实例记录下来，加以概括提炼，通过思考、分析和综合，找出规律性的东西，把经验条理化、理论化，再加以润色整理，也许就是一篇很好的教育教学论文。

写教学论文重在博览，贵于多思，关键在积累，所谓"沉思可以致远，厚积才能薄发"。

引申性议论文的写作技巧

引申性议论文就是指从一个具体事物深化开去，联系生活实际，引出议论观点，论证成篇的因物及理的议论文。前者只是个"由头""话题"，后者才是说理的中心。这种引申性议论文的写作模式可概括为"叙—议—联—结"。

第一步：叙。叙述原材料以引出论点。要读懂原材料，理解原材料的中心，领会原材料的主旨，引出论点，要选择好角度，找准文章的切入口。《鸟的评说》的寓意应当从如何正确看待自己和别人考虑，如高考优秀作文《"长"与"短"的辩证法》一文是这样"叙"的：

看了《鸟的评说》，我们有一种感受，那就是互相拆台：麻雀笑燕子，燕子说黄鹂，苍蝇又揭麻雀的短，他们都以自己的所谓长处与别人的所谓短处比。其实非也，自认的"长"不一定长，别人的短也不一定短，只不过各有千秋。

注意：这一步不能将题目所给的材料原文照搬，而是对准自己立论的指向剪裁材料，使材料为我所用。应抓住材料的核心内容简要叙述，引述时要有针对性，即所引的材料一定要符合题旨的需要，能为中心（论点）服务。同时根据中心（论点）的需要，恰当地处理好所引材料的详略。

第二步：议。即用多种论证方法对论点进行议论论证，使得论点成立，以理服人。如《"长"与"短"的辩证法》一文的"议"：

在麻雀看来，燕子是怕冷的懦夫，而在苍鹰看来，麻雀又"鼠目寸光"了。我们是不是就认为燕子是懦夫、麻雀是鼠目寸光了呢？答案肯定是否定的。从生物学角度说，那是各种鸟的生物性决定的。燕子在南方过冬，麻雀在低空飞翔，百灵歌声悦耳，苍鹰高空翱翔，别人具有你不具备的特长，是不是错误呢？

"尺有所短，寸有所长。"这是古训，用在这里目的只有一个，长与短的辩证。毕加索能不能笑贝多芬？爱因斯坦能不能笑爱迪生？莎士比亚能不能笑拜伦？每个人都在某一方面甚至多方面有优势，别人又有别人的优势。毕加索是伟大的画家，这一点就足够了，我们不能因为他在别的方面有不足而妄加否定，那就完全是求全责备了。花有花的娇艳，叶有叶的绿嫩，天有天的辽远，地有地的无涯，如果把所有美的风景集中于一体，那么千人一面，世界还会多姿多彩吗？

文章从生物学的角度出发，指出各种长与短是生物性决定的。接着援引"尺有所短，寸有所长"的古训，从鸟联想到名家，列举事例来进行类比分析，再用花叶、天地等来扩充议论，做到事例翔实，议论深刻，令人信服。

注意：围绕议论的中心对引录材料内容的寓意进行扼要分析。要求分析得准确，切合事理，语言精要。"析"的目的是为中心（论点）的提出创造理论的条件。

第三步：联。即联系现实生活实际，使文章更具现实针对性，是有感而发而不是无病呻吟。如《"长"与"短"的辩证法》联系了学生的实际：

就谈最贴近我们学生的话题吧，每个学生都有自己的个性，有自己见解、审美观、人生观，这样生活才有情趣、世界才有生机。任何人都不能把自己的一套或者说把自己所谓的长处强加于人，苛求雷同，这无异于扼杀个性、扼杀生命。

注意：运用材料提供的道理来类比社会生活、议论社会生活的过程，可以联想类似的道理（从道理上论证），也可以联想相关的社会生活现象（从事实上论证）。这部分是作文的重点，既要放开思路，又要概括力强；既要重点突出，又要尽量正反结合。

第四步：结。即回应原材料做总结，使文章完整，起到强调论点、展望未来的作用。如《"长"与"短"的辩证法》是这样结尾的：

再回到我们的《鸟的评说》吧，你可有新的认识？我们不想批评他们中的任何一个，只想让他们明白生命在于个性，充分发挥自己的长处，正视别人的长处，世界就会更加美好。

注意：结尾呼应开头，或进一步强调论点，或提出解决问题的办法，或提出希望或要求。

在运用引申性议论文"叙—议—联—结"的写作模式时，还要注意以下几点：

（1）"叙"述材料应简明扼要。提供的材料常常是个完整的故事，引述时要删去与论点关系不大的内容，不可全盘照抄，也不可弄成对材料的改写或缩写，更不可添枝加叶、画蛇添足。

（2）叙述的材料应置于文首，这就是意味着引申性议论文的论点是从所供材料中引出来的，而不是从其他地方来的。既然要求根据材料来写作文，就必须以材料为根据来联想生发，不能置材料于不顾，而天马行空、脱缰狂奔。不要对原材料进行随意改动，杜撰原材料的故事与情节，或者对原材料进行续写。有的学生在开头便长篇大论，并且提出了论点，而这个论点却不是从提供的材料中来的。然后把提供的材料作为议论文中的一个论据，违背了引申性议论文的写作要求。有的学生虽然在文中的论点同提供材料中所含的观点相同或相类，但文中却抛开材料，信马由缰，不用提供的材料。正如有人拿了一块布料到裁缝店里做衣服，裁缝师傅不用这块布料而用其他布料给人家做衣服，不能满足顾客的要求一样，更不符合命题的要求。

（3）"议"材料要针对提供的材料进行分析，揭示出材料中隐含的相同论点的内在联系。分析要中肯，不能随意拔高，脱离实际。要围绕中心论点，不能偏题、走题。

（4）"联"想说开去的事例要典型，要借题发挥，联系实际。这是引申性议论文的重点，在"申"。不要就事论事，局限于材料。在吃透材料的基础上，应本着"文章合为时而著"的原则由此及彼，联想生发开去，借题发挥，写出自己对自然、社会、人生的独特感受和真切体验，使文章真实而具有现实性，要用材料中提炼出来的论点解释说明现实生活中的有关问题。联想的事例应足以证明论点，并且简明扼要。有些学生所举的事例过繁，文字显得累赘，不能有效地论证论点，这叫作繁而无力。

（5）"结"论、"结"尾要增强论证力量，深化中心论点，要是"豹尾"。得出的结论问题是人们在现实生活中碰到的，而又不理解或理解不深的。通过解释说明、辨明是非，提高认识结尾是议论文的一个重要组成部分。

打开议论文写作思路的几个实用招数

叶圣陶说："文章本有路，识路识真知。"其意在强调写作思路的重要性。思想的轨迹即思路。不少学生拿到作文题写作时常常大脑中一片空白，或头脑乱糟糟、思路阻滞，或根本就没有什么思路，怎么办？这是没有打开作文思路所致。只要讲究方法，掌握几个打开议论文写作思路的方法，还是可以"文思如泉涌"的。

一、作文题目很抽象怎么办

有的作文题目乍一看觉得很玄乎，让人摸不着头脑，这往往是因为题目本身较抽象的缘故。

比如有一年北京的高考题是"转折"。这样的题就得把它具体化考虑，如"人生的转折""我的一次命运转折""长征——中共的转折"等，它可以是高考，可以是某一件改变了个人信念的具体事，可以是大到国家，小到个人的转折，最后从这些事中提炼出一个立意。

遇到抽象的题目考虑把它"具象化"，这种思路只是提供一种思维的方法和路径，并不一定直接产生立意本身，它有可能仅仅是从众多的可能中提供一个具体的思维方向而已，要产生最后的立意，还得再次地"抽象想"，从而将立意提升到理论的高度，即"抽象化题目——具象化思考——抽象化提升"。

再如，请根据对有关"三"的成语或词语的联想与感悟写一篇文章。汉语中"三"代表多数，在此可以当作一个抽象的概念来理解，提示语更明确地告诉我们"三"在此是作为一个抽象概念的。带"三"的词语往往既是社会现象或人生经验的概括，又隐含着一定的文化意蕴和人生哲理。

基于以上思考，我们可以把它具象思维：

（1）三：三人为众——人多了，就成为一个集体。立意：要有团队精神。

（2）三：三岔口——人生的选择。

（3）三：三顾茅庐——三次执着的拜访和等候，得到了诸葛亮的忠心。立意：以"三顾"之心执着事业和友人。

（4）三：三角形——稳定。立意：把握好三角形支撑（精神的三角形：意志、目标、追求等，只要是三个相互关联且与精神有关）。

二、作文题目太具象、太具体怎么办

此时就要把具象的题目"抽象化"，或用题目的比喻义，或用题目的引申义。

比如某年江西卷的作文话题是"脸"。如果写作时单单议论人脸，不是不行，但较难构思，较难通畅地写完全篇。我们可以这样去想：脸——外貌的重要衡量尺度——尊严的象征（脸面），这样就由脸上升到了尊严的高度。

再如高考作文题"肩膀"：

（1）肩膀：可以挑重物，可以扛——承担——要勇于或敢于承担责任（个人的、家庭的、民族的、国家的）。

（2）肩膀：可用来撑住上面的东西——支柱——父亲，家里的顶梁柱。

（3）肩膀：可供人依靠，休息——肩膀是一种呵护——母亲的肩膀，温柔的港湾。

（4）肩膀：联想牛顿说"我踩在了巨人的肩膀上，我才看得更远"——肩膀是基础——只有稳固了基础，才能有坚实的成功。

（5）肩膀：联想"铁肩担道义"——肩膀是信念，承担着理想——肩膀是人精神的支撑。

三、遇到两个关系性题目怎么办

关系型话题即给出事物的两个方面，以此为话题作文，其形式通常是"A与B"。关系题目"辩证想"，具体操作思路是：先想A，再想B，最后再判断A和B的关系，从而得出恰当的立意。

比如高考作文"忘记与铭记"。

先想A：忘记的是什么？是朋友间的不愉快。

再想B：铭记的是什么？是朋友的帮助。

综合想：二者的关系是什么？是为了更好地维护友谊。

这是两个表面相反而实际相通的行为衔接点，也是话题的辩证所在。若把话题扩展开思考，应忘记的是那些无益身心的事情或思想，而应铭记在灵魂深处的则是那些有益身心启智益思的人或事，都是为了更好地发展。立意时，这两个方面不可偏废任何一方。

再比如某年高考话题作文"相信自己与听取别人的意见"。

先想A："相信自己"是一种自信，但是盲目地相信自己会变得自大。

再想B："听取别人的意见"可以让自己对事物有更多的认识，但是一味地听取别人的意见而没有自己的想法就会变得人云亦云。

综合想：如果在相信自己的基础上听取别人的意见，会取得更好的效果，听不得别人的意见正是因为不相信自己。

立意："善于听取别人意见正是自信的表现""自信不是不要听取别人的意见""勇于听取不同的意见""兼听更明""不问路的自信无异于盲人骑瞎马"。

四、举例例证时想不到例子怎么办

当文章需要通过具体的事例来论证中心论点时，通常需要我们举出人物或者事件作为例证，使论证更具体、更有说服力。有时写作一时笔塞，想不起来还有什么例子，写不下去了。此时打开思路最好的办法就是"古今中外、正面反面"，历史的、现代的、当前的；中国的、外国的；身边的、别处的；正面的例子举完后再举反面的例子等，这样事件或人物就多了，从不同角度、不同侧面、不同层次观察和思考，例证丰富而有力。

当然，举例不能不加分析地信手拈来。随意罗列事例，必然会造成事理脱节，举例失当。举例是为了说理，举例过程中或概述事例之后要对事例做适当地分析，将其中蕴含的道理围绕观点说清、说透，这对于增强论证的力量也是很有必要的。

还要记住例证可以分为事例和语例两类。如果还嫌思路打不开，不妨引用几句专家、学者、知名人士的话作为例证。

五、论证时不知如何分析怎么办

论点有了，例子也有了，但有时却不知如何展开议论，怎么办？通常的方法有正反剖析、假设论证、原因分析等方法。

1. 正反剖析

对所述事例在某方面相同或相反的材料进行对比或类比，从而揭示出材料的意义，发挥事例的论证作用。例如：

商纣王自高自大，一意孤行，最终落得个葬身火海的下场，而唐太宗虚心纳下，开创了"贞观盛世"；楚怀王闭目塞听，弃屈子的诤谏于不顾，落得个客死他乡的结果，而齐威王善于纳谏，门庭若市，赢得诸侯朝拜。这样的事例不胜枚举，真的是"从谏如流"势在必行！（《论"从谏如流"》片段）

作者选用了商纣王、唐太宗、楚怀王、齐威王四个人物的事例，一反一正进行比较，在鲜明的对比中充分阐明了对待"从谏"的不同态度及相应的结果，从而证明了"从谏如流"的重要性。

2. 假设论证

当找不到反面事例，或不知如何从反面论证时，就可以假设材料中能达到某种结果的条件不存在将会出现什么样的结果，或与原条件下的结果进行比较，通过这种比较来论证论点的成立，从而证明原论点的正确性。例如：

（论点）有志者事竟成。（论据）王羲之九岁就开始练字，立志要做书法家，无论严寒酷暑还是刮风下雨，从不间断。他在绍兴兰亭的一个水池边练字，池水都被他洗笔砚染黑了。他那俊秀飘逸的字体，千百年来被人们奉为瑰宝。（分析）假如王羲之根本没有想过要当什么书法家，只是平庸过日子，那他绝不可能有这么坚强的意志去练字，王羲之也不为后人所知。由此可见，立志对一个人来说是多么重要呀！（正例反设）

文中用"假如""没有……只是……"的思路，对事例从反面加以剖析，从而有力地证明了原论点"有志者事竟成"的正确性，方法巧妙。

3. 原因分析

在叙述事例之后，分析论据行为存在或结果产生的原因，即对事例中的行为或结果沿着"为什么"的思路究其根源、探其本质，使内容逐步深化，说明事例的原因或结果与论点的关系。当事例带有结论性时，就分析其根源，即由果溯因；当事例带有缘由性时，就分析其结果，即由因求果。例如：

（论点）靠奋斗冲破"埋没"的压力。（论据）古今中外，许多取得了重大成就的人都遭受过"埋没"的命运。爱因斯坦就曾被埋没在一个专利局中充当小职员的平凡角色，但他没有灰心，而是抓紧一切机会进行研究，终于开创了物理学的新天地；华罗庚曾埋没在小店铺里，但他没有消沉，在做好营业工作后，抓紧一分一秒的时间，昼夜不停，寒暑不辨，刻苦自学，潜心钻研数学，终成著名的数学家。

（分析）为什么他们没有因"埋没"而"窒息"，并且能有建树？因为他们不甘心忍受被"埋没"的命运，不管在怎样不利的情况下，他们始终没有丧失向上的勇气和力量。他们坚信，不失千里之志的千里马，终有奋蹄腾飞的日子。因此，他们在被"埋没"的情况下不是怨天尤人，而是努力拼搏奋斗，终于冲破"埋没"脱颖而出。

作者在叙述两个事例之后，先用一个"为什么"把问题引向深处，接着用"因为"透彻地揭示了"千里马终有奋蹄腾飞的日子"，最后用"因此"得出结论：努力拼搏奋斗，终于冲破"埋没"。这样的分析使论证紧扣论点，充分显示出了论证的力度。

六、不知运用什么结构为议论文大框架怎么办

最简单的办法就是运用"三段论"：是什么——为什么——怎么办。这一议论文的结构在不知如何下笔时最容易打开思路，屡试不爽。简单的口诀是："提出论点是什么，讲清道理为什么，举出例子理更足，正面说了反面说，提出建议怎么办，归纳全文下结论。"举例如下：

对于人生的考验，你是否也有自己的"通关密语"？请以"通关密语"为题，写下你找出"密语"而得以"通关"的过程，以及其中的体会。文长不限。

围绕"通关密语"，各小组分别从"是什么""为什么""怎么办"等角度来分解论点，每个方面要分解出三个分论点。

1. 是什么

（1）通关密语是独一无二的筹码，是增强自身在不平等的竞争中取胜的筹码。

（2）通关密语是使努力凝结为成功的核心与捷径。

（3）通关密语是在求索中寻找与发现自我价值的过程。

2. 为什么

（1）之所以需要通关密语，是因为它是促成质变的钥匙，是提高效率的捷径。

（2）之所以需要通关密语，是因为发掘通关密语的过程也是发掘、认识并相信自我的过程，是充分发挥自身才能、全面提高素质的过程，是实现自我最大价值的过程。

（3）之所以需要通关密语，是因为通关密语能解决社会基本矛盾，充分实现社会成员的价值。

3. 怎么办

（1）要获得通关密语，就要向成功人士学习他们发现并把握通关密语的过程、经验与智慧。

（2）要获得通关密语，就要明白这种获得是以顽强拼搏与自强不息的精神作为基础的。

（3）要获得通关密语，需要社会的发展，其精髓在于集万千密语为一体，求同存异，共同凝聚智慧。

还有一种实用的打开材料作文行文思路的格式，就记住四个字——"引、议、联、结"。

（1）引。文章开头就把材料中最能提炼出观点，或最能加以引申和发挥的中心语句或关键语引入文中，或全引，或摘引，或意引，使文章内容成为"有源之水""有本之木"，做到紧扣材料展开议论。一般说来，材料不同，引述方式亦各异。文字多的叙述性材料应概述，精辟的名言警句要复述，寓意深刻内蕴丰富的文字要阐述，漫画型材料要对画面做简洁介绍和扼要阐述。引，即引出中心论点或论题。

（2）议（析、评）。对所引用的材料，从不同角度——或正反，或今昔，或中外，或褒贬，进行一分为二的辩证分析，为亮出论点张本。既可就事论事地对"引"的内容做一番分析，也可以由现象到本质、由个别到一般做一番挖掘，对寓意深的材料更要做一番分析，之后水到渠成、瓜熟蒂落地亮出提炼出来的论点。

（3）联。承上启下，过渡到联系社会、生活、思想实际，紧扣论点联系实际，选用典型论据对论点加以论证，或举实例，或讲道理。通过最佳论证方法，或正反对比，或比喻论证，或层层递进，对论点展开论证。论点力求鲜明、深刻，语句力求概括、凝练，还可指出论点在现实生活中的指导意义。比如证明论点"创新是一个民族的魂"，可以联想到"嫦娥一号"——"正是许许多多的航天科技工作者从无到有，开拓创新，踏踏实实，才成功发射'嫦娥一号'卫星，扬了军威，长了民族志气。"

（4）结。对论证过程的内容加以提纲挈领式的归纳总结，得出结论。做到既符合材料的主旨，又紧扣从材料中提炼出来的论点。结，或以抒情句式发出鼓励和号召，或对论述的问题有所深化和拓展。比如论点是"我们需要倡导探索精神"可以这样结尾："总之，人们应发扬探索精神，知难而上，不保守、不停滞，勇于进取，不断获得新成果，开拓新领域，使国家日益发展，人民生活水平日益提高。这是我们的责任，也是我们的义务。"首尾呼应，发出号召，铿锵有力，引人深思。结尾部分切不可故意拔高做惊人之语，要精炼有力，反对尾大不掉、啰唆冗长。

附高考例文两篇。

一、2012浙江高考

阅读下面的文字，根据要求作文。

台湾女作家刘继荣在博文上说，她上中学的女儿成绩一直中等，但是却被全班学生全票推选为"最欣赏的同学"，理由是乐观、幽默、善良、好相处、守信用等。她开玩笑地对女儿说："你快要成为英雄了。"女儿却认真地说："我不想成为英雄，我想成为坐在路边鼓掌的人。"博文引起了广大网民的热议。

网民甲：坐在路边鼓掌其实也挺好。

网民乙：人人都在路边鼓掌，谁在路上跑呢？

网民丙：路边鼓掌与路上奔跑都应该肯定。

从上述网民的议论中选取一种看法，写一篇文章。可以讲述故事、抒发情感，也可以发表议论。

光荣的荆棘路

台湾著名女作家刘继荣的女儿说："我不想成为英雄，我只想成为坐在路边鼓掌的人。"可是，为别人喝彩固然重要，亲自参与人生努力奔跑才是一种圆满。

倘若人人都在路边鼓掌，那么这条光荣的荆棘路上将有谁在奔跑，将有谁来开辟一条新道，将有谁来为后来人树一个航标，开创一片全然不同的天地？

（引——引述材料，逆向思维，提出论点。）

社会像一个大舞台，站在其上表演的人有之，而站在台下鼓掌的人却是占了多数。人们为他人的精彩鼓掌，分享他人的成功来体会快乐。殊不知，我们自己可以创造，同样能够让别人见证我们的美丽。唯有这样的共同创造才能推动时代前行的步伐。

（议——分析论证自己的见解。）

我想起来这样一群人。他们那一代人多诞生于晚清的日落与新世纪的清晨，古老的文明古国迎来了新生的阵痛。他们比任何一代人都多一份焦虑、困惑与希望，通过自己手中的笔或各种有意义的方式引领民众，描写未来。

（联——总启，概述生活中的类似现象。）

他们都在这条光荣的荆棘路上奔跑，不做路边鼓掌的人。他们都勇挑社会的大梁，建立了自己的赫赫功名。其中有沈从文对湘西文化的诗情礼赞，有巴金对旧式礼教的深切控诉，有茅盾对社会经济的深刻剖析，有郭沫若凤凰涅槃的呐喊……他们都勇敢地参与了这场战斗，最终开辟了一个崭新的时代。倘若人人只是鼓掌，那么谈何进步与复兴？我们都应该勇敢地踏上这一条荆棘路。

（联——举例论证"要勇于踏上荆棘路"。）

况且这样的参与对别人也可以说是一种鼓励。冰心曾说："爱在左，同情在由。走在生命的两旁，随时播种，随时开花，让穿枝拂叶的行人，踏过荆棘，也不感痛苦；有泪可落，也不觉悲凉！"我也许不是鼓掌的那个人，但我踏过的每一步、洒下的每一滴汗、留下的每一份情，俨然都是为我身后的人群添了一点温暖、一点鼓励。谁能否认我在这样奔跑的同时也为他人留下了掌声？而这一切的前提是我勇敢地踏上了这一条光荣的荆棘路，哪怕一个人，哪怕孤单到想落泪，我都愿做一个先行者。

（联——联系现实，联系自己，证明"只要勇敢奔跑就能给人温暖，就光荣"，避免假大空。）

我不能否认刘继荣女儿的话有一定的可取性，为别人喝彩的确重要。但我更坚信，每个人都要有自己的一种信仰、一种期待、一种追求，每个人的人生都是一个亲自参与努力奔跑的过程。

历史拍着它强大的翅膀飞过那么多世纪，这是一条光荣的荆棘路，我愿随历史的洪流一路奔跑。时代推我前进，我为时代领航。

（结——总结议论，重申观点，再次点题。）

二、2012广东高考

醉心于古文化研究的美国历史学家汤因比曾经说过，如果可以选择出生的时代与地点，他愿意出生在公元1世纪的中国新疆，因为当时那里处于佛教文化、印度文化、希腊文化、波斯文化和中国文化等多种文化的交汇地带。

居里夫人在写给外甥女涵娜的信上说："你写信对我说，你愿意生在1世纪以前……伊雷娜则对我肯定地说过，她宁可生得晚些，生在未来的世纪里。我以为，人们在每一个时期都可以过有趣而且有用的生活。"

上面的材料引发了你怎样的思考？请结合自己的体验与感悟写一篇文章。

要求：1. 自选角度，自拟题目，自定文体；2. 不少于800字；3. 不得套作，不得抄袭。

让未来记住今天

被人称为"镭的母亲"的居里夫人一百年前生活的社会我们也许已经无法感知，但我们都知道这位曾两度获得诺贝尔奖的女性科学家是在怎样清贫艰苦的环境中奋斗的故事。和许多科学家一样，当我们探寻他们取得巨大成就的背后动力时，居里夫人的那句话仿佛又响起在我的耳旁："我以为，人们在每一个时期都可以过有趣而且有用的生活。"

是的，人生的价值不在于生活在哪个时期或什么样的环境中，要想过的"有趣而且有用"，在于我们个人的内心世界。

（引——引述材料，分析材料，提出观点。）

天行健，君子以自强不息。我不知道屈原是否抱怨过他生活的时代，当楚怀王不再相信他的时候，当祖国抛弃他的时候，走到汨罗江边的诗人心中已经对未来没有了期许，但他"路漫漫其修远兮，吾将上下而求索"的铮铮誓言今天还回荡在时代的天空，让未来记住了他。比屈原稍早一些时期，在泗水的岸边埋葬着一个中国乃至于世界的伟大人物，他是儒家学说的创立者、伟大的思想家和教育家，一个曾经是管理仓廪和放牛羊的小官，虽然生活清贫，但他十五即"志于学"，周游列国，推行"仁爱"思想，知其不可而为之，当今在全世界有一百多所以他名字命名的学院，他就是孔子。"孔子学院"已经成为传播中华文化和沟通世界与中国的桥梁。这个早年丧父、家境衰落的没落贵族子弟不知是否曾抱怨过生活和时代对他的不公，但孔子让未来记住了他，这位对全世界最有影响力的人物之一。

（联——举屈原、孔子之例，证明不管在什么时代只要自强就能过有意义的生活。）

余秋雨先生曾说他最想生活在魏晋时代，这不禁使我想起一个人物，他就是大家非常熟悉的诗人陶渊明。他发现一片"世外桃源"，那袅袅娜娜的炊烟似山间某座寺院敲响的晚钟，在山中微凉的空气中缓缓游动；一泓泓清澈的流水潺潺地淌过石头，然后又隐隐约约地流向远方。暮霭中天边的飞鸟依恋着旧林，回归的浣女在竹喧中隐约可见，相信你一定能体味到"采菊东篱下，悠然见南山"的怡然。陶渊明也许遇到了不顺心的事，五斗米岂能让他移白首之心，在"复得返自然"后，陶渊明走出了他自己时代的足迹。也许是魏晋时代特有的无拘无束、超逸的时风，也许是他本身就想过"有趣"的生活，总之选择走自己的路任由人家评说的陶渊明让未来记住了他。

（联——举陶渊明之例，进一步证明不管在什么时代都应该选择自己想走的路。）

我们不能挽留昨天，但可以把握今天；我们也不能确定未来，但我们还是可以把握今天。

拿破仑一世曾经说："留下我们的足迹！"每个时代里都有那么一些守候自己信仰的人，从而留下了他们坚韧的足迹。这些被称为"孤独的舞者"的舞姿也成了无数后人所敬仰的姿态。史铁生不能走路了，于是他与北京地坛公园结下了不解之缘。他每天摇着轮椅去地坛读书，看日出日落，他说："没处可去我便一天到晚耗在这园子里。跟上班下班一样，别人去上班我摇了轮椅到这儿来。"地坛公园弥漫着沉静的光芒，为一个失魂落魄的人准备了这样一处安静的地方，树荫和夕阳笼罩着史铁生的身影。对这位长到20岁忽然截瘫了的青年，时代没有特别眷顾这位具有健全而丰满思想的伟大作家。读罢他的作品，你会从他睿智的言辞中感到为人的价值和光辉。史铁生走了，然而他的足迹是那样的鲜明，史铁生也让未来记住了他。

（联——举史铁生之例证明把握今天，留下自己足迹的重要性。）

正如一位哲思的人物说："时代不是从青天上叮当一响掉下来的，是无数我的呼吸与湮灭铸成的。"如果有人问我愿意生活在什么时代，我会说我愿意生活在"我的时代"里。在一个时代里我们要做的是把握今天，让未来记住今天。

（结——以名言作结，深化中心论点。）

以上，我们从分析作文题目、作文大致框架结构、行文思路等角度对议论文的写作思路进行了几招实用的招数拆解。其实，议论文写作思路是一项巨大的系统工程，既需要牢牢打好基础，又需要宏观的构建能力，更需要微观的精雕细琢功夫。如果我们能把握从整体到局部、从宏观到微观的运动轨迹，不断提高辩证思维和创造思维能力，就能打开思路的闸门，激活写作思路的灵感，不断创作出思路清晰、富有创新个性的议论文。

教学设计 篇

高中第二册《黄鹂》的导学设计

【教学目标】

（1）人文：感悟由"黄鹂"这一意象阐发出的哲理。

（2）知识：哲理性散文的写法，精彩的语言表现。

（3）能力：对散文的分析评价、借鉴吸收。

【教学安排】

1课时。

【教学设想】

（1）切入点：借物抒怀。

（2）制高点：叙事 $\xrightarrow{\text{典型（黄鹂）}}$ 说理。

（3）增长点：借物抒怀和有特色的语言。

（4）延伸点：①理解、鉴赏评价文中包含的哲理；②仿写四字句。

（5）语言：感受——领悟——积累——运用。

（6）思维：联想和想象。

（7）迁移：四字句的运用。

【教学安排】

（一）导入新课，显出标题课件

优秀的作家对生活和人生的关注方式是多样的、独到的，有许多现代作家就是通过写鸟来表现他们对生活和人生的认识。老舍先生写小麻雀，表现的是对人与自然关系的认识；周瘦鹃写杜鹃蕴含着的是对传统习惯的看法。孙犁借黄鹂传递的是一种怎样的观点呢？

（二）快速阅读课文，理解把握文意，思考研讨问题（显示课件）

（1）简述"我"与黄鹂几次相遇的情景（时间、地点）。

（2）黄鹂在不同环境中的不同生命状态（从原文筛选回答）。

（3）"我"对黄鹂的前后几次感情和认识有怎样的变化？

（4）文章从叙事转入说理的衔接点在哪里？作者提炼出了怎样的哲理（解释"极致"和"景物合一"）？

（5）作者如何用语言来表现这种哲理的？

①抗战时期，初见黄鹂。惊鸿一瞥，黄鹂在作者的心中留下极美的印象。

青岛疗养，再见黄鹂。此时虽可尽兴观赏，但仍觉意犹未尽。

鸟市漫步，三见黄鹂。被卖的黄鹂凄惨的神色，刺痛了作者的心。

江南春季，四见黄鹂。赞叹黄鹂全部美丽，获得全新的感悟。

②感情和认识变化：遗憾——惋惜——怜爱和同情——赞叹上升为理性认识。

③衔接点从倒数第四段开始。正因为不同的环境对事物"极致"的发挥起着相当的限制作用，所以作者便从黄鹂联想到了虎、鱼、驼、雁。老虎被关在笼子里，便显示不出它的百兽之王的威风；骆驼被安置在绿茵上当摄影的道具，也就失去了"沙漠之舟"的美誉。于是作者从中提炼出了这样的哲理："各种事物都有它的极致，只有在一定的环境里才能发挥这种极致，包括文艺也是如此。"

这种由一事物阐发出一定哲理的写法，是本文最大的特点。

（三）小结（显示课件）

黄　鹂

孙　犁

	"我"遇见黄鹂	黄鹂生存的环境	黄鹂的状态	"我"的情感
叙事	第一次	战火中	英姿勃勃；尖利、富有召唤性和启发性的啼叫；迅若流星，一闪而过	遗憾
	第二次	深密、幽静的村子	好像安家落户	惋惜

续 表

叙事	第三次	鸟市上	被系、被玩弄，凄惨，焦黄	怜爱、同情
	第四次	艺术、美的事物的生存环境	伴着春雨，宿露啼叫；伴着朝霞，彩虹飞翔	赞叹、领悟
说理		各种事物都有极致，在一定环境里才能发挥这种极致		

（四）延伸拓展

1. 运用发散思维，联系社会现实，评价文中哲理

说说还有哪些事物有怎样的极致，在什么环境里才能发挥出它们的极致？（学生分组讨论，回答）（显示课件）

明确：评价是开放式的，不统一标准答案（如科技人员、学生等发挥极致的生存环境）。

2. 这篇散文另一大特点是闪现着诗所特有的语言美

熟读文章最后五段，体会作者如何用语言来表现"各种事物的极致"，以及"在一定的环境里"怎样"发挥这种极致"的。借鉴作者运用语言的技巧，多体会一下最后五段语言的妙处。

（1）分男女学生朗读。注意多种修辞，整散句结合，音律美、简洁美等。

（2）仿写四字句。先显示出例句：

暮春三月，江南草长，杂花生树，群莺乱飞。

湖光山色，密柳长堤，茂林修竹，桑田苇泊。

虎啸深山，鱼游潭底，驼走大漠，雁排长空。

要求学生仿照以上的语言形式，写一组自己熟悉的景物，表达一种鲜明的情感。

（五）布置作业

以某种动植物为题，写一篇哲理性地写物散文。

《再别康桥》《我爱这土地》的教学设计

【教学目的】

（1）感知《再别康桥》的诗意美、艺术美和人情美。

（2）理解《我爱这土地》中的意象。

（3）体悟《我爱这土地》深沉而强烈的爱国情感。

【教学重点】

（1）《再别康桥》的音乐美、建筑美、绘画美。

（2）《再别康桥》中的诗意美和人情美。

（3）《我爱这土地》中主人公真挚的爱国情感。

（4）《我爱这土地》中的意象。

【教学方法】

（1）诵读吟咏法。

（2）欣赏法。

（3）点拨法。

【媒体设计】

（1）播放电视连续剧《人间四月天》片尾曲的MTV。

（2）配合朗诵，播放一组中国人民前赴后继、浴血奋战、抵御日寇入侵的画面及《黄河大合唱》MTV、《我爱你中国》MTV。

【教学安排】

1课时。

【教学步骤】

（一）导语设计

（1）他就这么悄悄地来，又这么悄悄地去了。他虽然不曾带走人间的一片云彩，却把传世的《再别康桥》留给了诗坛，也把永远的思念留给了人们。现在，让我们走进徐志摩，走进他的《再别康桥》。

（2）谁不爱自己的母亲，谁不爱自己的祖国！穿越时空，只有一种感情能将民族的心联系起来，那就是对祖国深深的爱。早在1938年，著名诗人艾青就眼含热泪地对祖国母亲唱了一首深情的赞歌——《我爱这土地》！

（二）解题

（1）徐志摩，现代诗人、散文家，曾留学英国剑桥大学两年。在临别伦敦前夕的一个美丽的黄昏，他来到剑桥大学碧波荡漾的康河里泛舟，在康桥上漫步，流连忘返，如痴如醉。康河的水开启了诗人的灵性，唤醒了久蛰在他心中的诗人的天命，于是吟成了这首传世之作。

（2）艾青的《我爱这土地》写于风雨飘摇的1938年，那时日寇的铁蹄正肆意践踏着祖国的大地。面对山河破碎、国土沦丧，诗人无法抑制的拳拳爱国热情终于喷发出来，他拿起笔写成了《我爱这土地》。从此，这首诗在抗战时期广为传诵。

（三）研习课文

1. 整体把握，理清思路

（1）听录音，指导朗读。

（2）学生朗读、体会《再别康桥》。

《再别康桥》注重小的万千离愁。连用三个"轻轻地"，使我们仿佛感受到诗人踮着足尖，像一股清风一样来了，又悄无声息地荡去，生怕打扰了康桥的静谧。而那至深的情丝，竟在招手之间，幻成了"西天的云彩"。第二节至第六节，注重引导学生体验作者感情的起伏变化。诗人在康河里泛舟寻梦，披着夕照的金柳、软泥上的青荇、树荫下的水潭，一一映入眼底。两个暗喻用得颇为精到：第一个是将"河畔的金柳"大胆地想象为"夕阳中的新娘"，使无生命的景语化作有生命的活物，温润可人；第二个是将清澈的潭水疑作"天上虹"，被浮藻揉碎之后竟变成了"彩虹似的梦"。正是在意乱情迷之间，诗人如庄周梦蝶，物我两忘，只觉得"波光里的艳影/在我的心头荡漾"，并甘心在康河的柔波里做一条招摇的水草。这种主客观合一的佳句既是妙手偶得，也是千锤百炼之功。第五、六节，诗人翻出了一层新的意境。借用"梦/寻梦""满载一船星辉/在星辉斑斓里放歌""放歌/但我不能放歌""夏虫也为我沉默/沉默是今晚的康桥"等四个叠句，将全诗推向高潮，正如康河的水，一波三折！而他在青草更青处、星辉斑斓里跳足放歌的狂态终未成就，一切归于寂然。就连青草丛中的夏虫似乎也体会到了离别之情，为他保持沉默，一切的一切都为诗人的离去而沉默了。

"沉默是今晚的康桥"将诗人沉思默想的心境推向了极致，此时的沉默无言胜过多少情语！最后一节以三个"悄悄地"与首节对应，诗意也有递进，间接表达出作者真挚的感情。全诗一气呵成，荡气回肠，神思飘逸，是对徐志摩"诗化人生"最好地描述。

（解说：康桥时期是徐志摩一生的转折点。可以说，"康桥情结"贯穿在徐志摩的许多作品中。《再别康桥》就是将他多年对母校的感情浓缩在凝练的诗句中，深化到对大自然的描写和自己的想象中，刻意营造无限的诗意美，传达一种眷恋母校的人情美。）

（3）《再别康桥》的音乐美、绘画美、建筑美。

音乐美是对音节而言的，朗朗上口、错落有致，都是音乐美的表现。主要表现在：①押韵，韵脚为来、彩；娘、漾；摇、草；虹、梦；溯、歌；箫、桥；来、彩。②音节和谐，节奏感强。③回环复沓。首节和尾节语意相似，节奏相同，构成回环呼应的结构形式。

这音乐般的节奏像涟漪般荡漾开来，既是学子寻梦的跫音，又契合着诗人感情的潮起潮落、低回曲折、一咏三叹，有一种独特的音乐美。七节诗错落有致地排列，韵律在其中徐行缓步地铺展，颇有些"长袍白面，郊寒岛瘦"的诗人气度。

所谓绘画美，是指诗的语言多选用有色彩的词语。全诗中选用了"云彩、金柳、夕阳、波光、艳影、青荇、彩虹、青草、星辉斑斓"等词语，给读者视觉上的色彩想象，同时也表达了作者对康桥的一片深情。

所谓建筑美，指的是节的匀称和句的整齐。《再别康桥》共七节，每节两句，单行和双行错开一格排列，无论从排列上还是从字数上看，也都整齐划一，给人以美感。

（解说：徐志摩崇尚闻一多"音乐美、绘画美、建筑美"的诗学主张，尤重音乐美。另外，可引导学生联系学过的古诗词，使学生能较好地体会诗歌音乐美的特点。对绘画美和建筑美，可先分组讨论，教师相机点拨，学生便可豁然开朗。）

（4）《我爱这土地》的强烈爱国主义情感。

诗人先把自己幻化成一只不屈的鸟，为我们苦难的历史，为我们悲愤的人民，为那风起云涌的、不屈不挠的斗争而歌。诗歌表现出一种"沉郁"的感情特点，这种"沉郁"是对灾难深重的祖国爱得深沉的自然流露，因而格外动人。同时，诗人对祖国的"黎明"抱有乐观的信念，所以对可以预期的光明幸福的未来也唱出了一曲深情的恋歌。

最后，诗人将炽热的爱国情感激流再次升华，用直抒胸臆的自白点燃了情感爆发的导火线："为什么我的眼里常含着泪水？因为我对这土地爱得深沉……"在此呼应了标题，省略号的运用再次表达了这份"爱"的凝重。这两句也激起了无数炎黄子孙的共鸣！

（解说：爱国是永恒的主题。尽管本诗爱国主义的主旨较直白，但还应把它作为教学重点，引起学生的共鸣。）

（5）《我爱这土地》的意象。

诗中的"土地""河流""风""黎明"四组意象是有象征意义的。"被暴风雨打击着"的"土地"意象展示了大地遭受苦难、山河破碎、国土沦丧；"永远汹涌着"的"悲愤"的"河流"和"激怒"的"风"抒写了人民的悲愤和激怒，象征抗战力量的日渐壮大和风起云涌、不屈不挠的抗争；"来自林间的无比温柔"的"黎明"，是苦难人民的希望和抗战胜利的"黎明"。

（解说：通过感知和分析诗歌语言，让学生进行联想和想象，再现诗中生动鲜明的意象。）

（6）诗人为什么要用"嘶哑的喉咙"歌唱？

"我"这只鸟不是百灵，也不是蓝天中啼叫的黄鹂，诗人仅仅用了"嘶哑"一词，就把杜鹃啼血般的奉献者形象赋予了悲愤的爱国情怀，它充满着因沉重的苦难和忧郁的负荷而生发的焦灼与感叹，传递着与时代同步的忧患悲情，所以用"嘶哑"一词十分传神。这里如果改成"珠圆玉润""动听""柔弱"等别的字眼，就不能体味到歌者经历的坎坷、悲酸和对祖国、对土地、对人民执着的爱。

（解说：对诗的语言进行咀嚼和揣摩，用自己的理解和想象增补诗意跳跃所带来的断层或空白，更能品出诗味来。）

2. 课堂训练

学生有感情地朗读两首诗歌。

（解说：再次朗读能让学生感受诗歌的音乐美，体验诗中的节奏和韵律，体会诗中浓郁的感情，同时让学生"反刍"，使学生加深理解或重新理解。）

（四）布置作业课外阅读

（1）徐志摩的《偶然》《沙扬娜拉——赠日本女郎》。

（2）戴望舒的《雨巷》。

（3）艾青的《大堰河——我的保姆》。

"争辩式文言文教学"实验报告

一、实验课题的确立

语文不好学,更不好教。如何培养学生学习语文的兴趣,如何增强语文课的效果,我苦苦地摸索……

一个偶然的机会,学生在争辩"时代需要雷锋还是刘德华"时,我发现学生的准备是那么充分,思维是那么敏捷,争论是那么热烈。

"如果语文课也能达到这种效果,那该有多大的收获啊。"我激动地想。我急切地构思,设计出一种"争辩式文言文教学",把全班分成甲、乙两方,让他们在课堂上争辩。

二、实验课题的实施

(一)学生预习

学生通过查找工具书或互相讨论,做到基本通晓全文、翻译全文,然后提出若干问题。这些问题可以是字、词、句方面的(如通假字、一词多义、词类活用、古今异义、特殊句式等),也可以是篇章结构、写作特色方面的(如《游褒禅山记》同《雨中登泰山》《长江三峡》在写法上是否完全一样),还可以是文学常识(如涉及王安石,可问"唐宋八大家"是谁),等等。总之,凡是同课文有关的都可在课堂上发问。

(二)翻译指瑕

一方先翻译一段,另一方指出翻译有哪些不足之处。这样交替进行,由教师评判正误。

(三)疑难发问

双方可根据自己预习时准备的问题向对方发问,可指名或不指名回答。

（四）练习巩固

可轮流做课后的"思考与练习"，也可互出两三道题在黑板上回答演示。

（五）教师总结

教师要明确地对学生的争辩做出评判、结论，对全文重、难点进行查漏补缺，使学生清晰而深刻地掌握知识，学好古文。

为此，我还制订了一些争辩规则，比如在"翻译指瑕"阶段，只要指出对方一处翻译错误或不足之处，对方便扣一分，如没有指出或指出的不正确，则不扣分；在"疑难发问"阶段，问到了对方一个问题，若是指名回答未答出的，对方便扣五分，等等。

下面就这种教学法回答几个问题：

问："翻译指瑕"阶段，有个别学生只是照念翻译书，并没有真正理解，这怎么办？

答：可能有这样的现象，但在"疑难发问"阶段遇到提问，就会原形毕露了。所以学生预习时不得不认真准备，尽量去理解课文。

问：让学生自己翻译，效果可能不如教师串讲，因为学生难免对一些字词不了解，怎么办？

答：学生可能暂时有不理解之处。但有"疑难发问"，他们尽可把自己的疑问向对方、向教师提出来，要求解答。更何况还有"练习巩固""教师总结"两个阶段来帮助学生查漏补缺呢。

问：是否有学生"滥竽充数"不学习？

答：基本没有。因为双方都千方百计地让对方失分，都想超过对方。因此那些"滥竽充数""开小差""不听讲"的学生都可能被提问到，他们出于自尊心和集体荣誉感，在"竞赛"中也就变得格外专心了。

问：这种课教师是否没事干？

答：其实，这种争辩教学教师的作用是必不可少的。从精心指导学生预习到鼓励学生大胆发言、普遍发言，再到因势利导地帮助学生讨论疑难、解决疑难。特别是在"茶馆式"的争辩中，学生议论纷纷，很难预料他们会有什么问题提出，这就更需要发挥教师的主导作用了。比如在争辩《游褒禅山记》一文时，有学生发问："王安石写此文时是什么年龄？"这显然是一个离了题的、无多大意义的问题，此时便需要教师把问题拉回到正道上来，引导学生围绕课题中心进行发言。总之，在争辩式教学活动的全过程中，教师的精神始终是兴奋、专注而且紧张的，很有意思。

三、实施效果及体会

上这种课，学生都主动学、超前学。比如有学生在争辩《芙蕖》一文时发问："我们在初中学过同荷花有关的一篇什么文章（《爱莲说》）？《芙蕖》和这篇文章有何不同？"从这一问题，可见学生预习课文的主动性和积极性。

吸引学生参与教学过程，让学生感到他们不仅是被教学的对象，而且也是教学过程的创造者。因此，学生会更"有心"地学、创造性地学。比如在争辩《游褒禅山记》一文时，有学生发问：这篇文章有哪些词类活用的现象？"其"字有几种用法？此文同《雨中登泰山》是否属同一类游记？等等。这些问题即使学生不问，教师也应提出来做总结。可见学生学习的深度与广度了。

由于珍惜学生的自主性心理品质，发掘学生解决问题的自主权，相信学生的能力，尊重学生的个性，培养学生的求知欲和认知兴趣，他们便真正成为教育教学过程的主体。学生在争辩课上各抒己见，相互启发交流，思维碰撞活跃，学得生动活泼。争辩课上气氛场场火爆、热烈，一些平常沉默寡言较内向或基础较差的学生均积极踊跃地发言、表现自己，发言人次比平时的讲授课明显增多。在上《石钟山记》第二课时时，发言人次多达60多次，有一次竟有五个学生同时站起想向对方发问。

教学导语浅谈

一堂课有好的开场、好的导语，是这堂课成功的一半。它一方面把学生的注意力吸引过来，增加听课的兴趣，另一方面教师自身的心理上也达到一种感觉良好、如沐春风的状态，从而奠定了整堂课成功的基调。所以我一直非常重视语文课开场时的导语设计，也试图以此打开语文教学的突破口，上好语文课。

一、激情法

激情法就是根据课文内容有意识地创设一种情境，激发学生的情感。语文是一门综合性的学科，要学好它，必须调动诸多方面的因素。学生在语文学习中既要进行认知性的学习，也要进行情感性的学习，两者是密切联系的。教师在教学中如能把情感因素与智力因素结合得好，可以使学生在教师创设的情境中得到很好的情感体验。因此，创设这种情景既可以用一些生动的语言来描绘，也可以用艺术的绘画来展现，还可以用音乐或演唱来渲染。

我在讲授《就是那一只蟋蟀时》就采用了这种激情法。这是一首以"思乡"为主题的当代诗歌。我先简介"思乡"是古往今来许多文人墨客喜欢表现的一个主题，给课堂制造一层"乡思""乡愁"的气氛；接着让学生听马思聪著名的小提琴《思乡曲》的录音，让学生逐渐沉浸在略带哀怨又激奋昂扬的旋律中；再提醒学生回忆以前接触过的类似题材的作品，如黄河浪的《故乡的榕树》、郑振铎的《海燕》，特别是余光中的《乡愁》；最后过渡到要学的这首《就是那一只蟋蟀》，再放出我事先精心录好的配乐朗诵录音，把课堂气氛推向了高潮。通过这些步骤，我把学生带入了这首诗所特有的乡思乡愁的环境中，让学生体会到灌注在这一首诗里的是我们这个古老民族的灵魂，是一种对祖国共同的依恋。学生们入情入境，或思考，或倾听，或联想，或体验，仿佛置身于课文所创造的艺术氛围之中。

二、激趣法

激趣法就是激发学生的兴趣。心理学研究表明，兴趣是增强学生对所识记材料的主动性很重要的因素之一，是推动学生学习产生积极性的一种最实际的内驱力。因此，假如一堂课的导语叙述角度新颖独特，语言通俗易懂、幽默风趣，那一定会给课堂创造出一种轻松活泼的学习气氛，培养学生的认识兴趣和求知欲。我在教《林教头风雪山神庙》一文时就是用此法，现在简录如下：

问：同学们看过或听过《水浒传》里的故事没有？

答：看过，听过。

问：你们知道《水浒传》里面林冲这个人吗？

答：知道。

问：谁知道林冲是哪里的人？

答（七嘴八舌）：山东人、河南人、沧州人、开封人。

正当学生争论不休时，我说：林冲是我们江西人。

学生们都面带惊讶、疑惑的神情。

我接着说：而且林冲是我们鹰潭人。

学生哗然。

于是我就趁机讲到《水浒传》里第一回"洪知府龙虎山拜见张天师"，私放一百零八个天罡地煞，这一百零八个天罡地煞到了人间，后来就成了水泊梁山的一百零八将。所以，一百零八将包括林冲都是鹰潭人。

学生们忍俊不禁。

这次导语当然是玩笑话，但学生听这段导语、讨论这段导语却十分轻松而又专注，他们的心境明显处于一种愉悦畅快的状态，不必在死记硬背上下功夫，甚至没意识到我在进行语文教学，可他们却实实在在于一阵欢乐的笑声中增加了对《水浒传》的兴趣、对节选的这篇课文的兴趣。这些导语撩拨了他们想看课文的急切心情，为我进行这一课的教学奠定了良好的基础。

又如教《守财奴》这篇课文时，我开始就给学生介绍中外文学作品中五个吝啬鬼的典型：严监生、葛朗台、阿巴贡、夏洛克和泼留希金，并简单介绍了一两个最能代表他们吝啬的事例。这样既增长了学生的课外知识，又激发了他们学习教材的兴趣。

三、激思法

激思法就是激发学生思考。在正式讲解教学内容之前提出与课文有关的若干问题供学生思考，以引起他们的好奇心，这是激发学生内在学习兴趣的有效方法和手段。学生始终是课堂教学的主体，是起决定作用的内因。

如果教师在开场就从调动学生内因入手，引导学生积极思考，多问几个为什么，那么学生学习的主观能动性就能得到积极发挥，就能由"被控"转向"自控"。

教《左忠毅公逸事》这篇课文，我首先引导学生把课文标题内容仔细对照阅读，看看能发现什么问题。经过阅读，有学生就问："课题是《左忠毅公逸事》，是写左忠毅公的，为什么还花了很多的笔墨写史可法？"

我马上肯定了这个学生问得好，并及时向全班提问："课文中为什么多次提到史可法，写他的忠勤职守呢？"片刻后我再提示："左光斗和史可法的关系是什么？"通过这一系列问答，学生很快回答出写史可法是为了表现左光斗言传身教的影响，"有其师必有其生"，这些运用了侧面描写，是为了丰富左光斗的形象的。优秀的导语能给学生以陶冶和启发，甚至对学生的影响很大，因此，精心设计导语应当是教师的一种艺术追求。

阅读指导 篇

寻找阅读中的可比因素

比较阅读法是将两篇或多篇有一定关联的文章对照阅读，分析其相同点和不同点的思维活动。它能培养学生的阅读兴趣，提高学生的思维品质，是一种使学生的能力和智力都得到综合训练的有效方法。指导学生进行比较阅读，关键是指导学生如何寻找阅读中的可比因素。

义务教育的语文课本中，课文之间，甚至同一篇课文之中也都包含着能与同类或异类文章相比较的可比因素。这些可比因素可以是立意的、结构的、表现手法的和语言的，等等。

一、立意的比较

不同的文章可以表现不同的主题，同一主题也可以由不同的文章反映出来。对同类题材的文章比较阅读，能更准确地把握文章的思想内容，在求同存异中让学生受到同一种思想教育或艺术感染。

《孔乙己》和《范进中举》两文，虽然内容不同，人物命运各异，但主人公都是受封建科举制度毒害的旧知识分子，两文都是批判封建科举制度的小说。孔乙己是清末一个下层知识分子，他热衷功名，在八股文中耗尽了自己的年华，落到即将求乞的境地。他不肯脱下那件象征读书人身份的、又脏又破的长衫，说起话来满口"之乎者也"，时刻不忘显示自己是与众不同的读书人。封建科举制度无情地摧残了孔乙己的肉体和灵魂，然而他麻木不知、至死不悟，始终不明白潦倒终生的原因。

范进从20岁起屡试不中，苦苦挣扎，直到54岁才得了个秀才。他时时热切地盼望中举，又从没料想到那一天真的会到来。当他突然看见"第七名亚元"的大红报帖，他的神经无法承受，情不自禁地喜极发疯。

作者用无情嘲讽的笔触，通过对孔乙己和范进的刻画，把批判的矛头直指封建科举和教育制度。

二、结构的比较

结构的比较就是对相关文章内部的组织构造进行求同存异的比较。常常从以下几方面人手：开头结尾；过渡照应；记叙文的顺叙、倒叙和插叙；说明文的说明顺序；议论文的论证结构；散文的情感脉络、文眼设置；诗歌的重章复沓；小说的线索等。《诗经》中的《蒹葭》与《关雎》都采用了重章叠句、一唱三叹的艺术形式，在反复咏唱中，递进地加深内容，增强感情，富有节奏感，制造一种优美的意境。但是，细致地分析这两首诗就不难发现它们形同实异。

《关雎》采用的是层进的结构，各章之间有一个朦胧的叙事线索，从开篇起兴，把求之不得的焦虑和求而得之（通常理解成是幻想）的喜悦表现得淋漓尽致，逐步深入地展现了"君子"炽热的情怀。

《蒹葭》则采用并列式的结构，各章意思大体相同。首章对环境的描写以及淡淡的叙事就已经表现出了理想与现实的矛盾，余下几章通过回环、重沓的手法一次次地把感情推向高潮，在反复咏唱中展示了主人公内心的凄婉之情，使诗歌始终笼罩在既热烈又惆怅、既执着又失望的可望而不可即的意境中。

三、表达方法的比较

表达方法的比较就是对相关文章表情达意、状物抒怀等方面的比较。常见的方法有叙述人称的比较；描写不同种类（肖像、行动、语言、心理等的人物描写，社会、自然等的环境描写）的比较；正面描写、侧面描写的比较；直接抒情、间接抒情的比较；叙述、抒情、议论是否有机结合的比较；议论文论点、论据的比较；说明文说明方法的比较；诗歌的抒情方式、修辞手法的比较等。

《关雎》用"关关雎鸠，在河之洲"来起兴，"窈窕淑女，君子好逑"使人由雎鸠鸟雌雄和鸣联想到君子、淑女佳偶天成。雎鸠感情专一，决不相弃，生动形象地表明了主人公追求的爱情纯洁而又真诚，兴中有比。《蒹葭》"叙物以言情"，全诗以秋晨的景色起兴，通过萧瑟冷清的环境烘托主人公细腻凄婉的情感。情与景自然谐和，可谓"写景人物，而苍凉凄动……千古伤心之祖"。《关雎》"兴"重在作比，《蒹葭》"兴"意在融情。

四、语言的比较

语言作为反映社会生活、塑造艺术形象的载体来说，除其基本特征是准确、鲜明、生动外，还具有含蓄性、抒情性、多样性等特点。这就要求教师在指导学生进行比较阅读时，让学生注重文章的语言表达，总结出一些带规律的东西即文章的语言风格。又如在对小说进行比较鉴赏时，比较人物的形象，体味人物的语言，就可看出人物的性格差异，达到评价艺术形象的目的。下面仍以《孔乙己》和《范进中举》为例。

孔乙己说话总是满口"之乎者也"，当别人嘲笑他有偷窃行为时，他却说"窃书不能算偷""君子固穷"；范进遭胡屠户的辱骂后，却唯唯诺诺地说"岳父见教的是"。虽然他们说的话都与事实相悖，都是自欺欺人，但二者的原因不同。孔乙己是为了标榜自己是个读书人，自命不凡，孤芳自赏；而范进则是惧怕胡屠户才甘受屈辱，懦弱、卑怯。

范进中举后，张乡绅来拜访，说了一通攀附之词，他却连称"幸得老先生门下"，可见他趋炎附势、世故圆滑；当别人问孔乙己"你当真认识字么"，明明是戏弄之词，他却显出"不屑置辩"的神气，说些全是"之乎者也"的话，愈显得老实、迂腐。

孔乙己把自己少得可怜的茴香豆分给孩子们后说："不多不多！多乎哉？不多也。"而范进中举后送给胡屠户银两时说："若用完了，再来问老爹讨来用。"一个心地善良，一个虚伪狡诈。

通过比较孔、范两个人物的语言特点，能让学生更清楚地看出他们鲜明的性格特点，达到感知艺术形象的目的。

总之，阅读中的可比因素是多种多样的，角度也是多向性的。可以是正面比较，也可以是反面比较；可以从现实角度比较，也可以从历史角度比较；可以从微观比较，也可以从宏观比较，等等。无论从哪一个角度寻找可比因素，只要注重训练的方式，就能够促进学生阅读技能和智能的发展，体现出阅读教学"培养学生思维能力、发展创造能力"的作用和价值。

（原载于《中学语文》2004年第2期）

《智取生辰纲》中的"三三两两"

《水浒传》是我国文学史上第一部描写农民起义全过程的长篇小说，是我国古代最优秀的英雄传奇小说。其中《智取生辰纲》一回，是《水浒传》故事中一个精彩的片段。它写了以晁盖、吴用为首的英雄好汉出于对封建当权者的憎恶，为夺取梁中书的不义之财，他们同心协力，精心策划，终于取得了智取生辰纲这场斗争的胜利，揭开了梁山英雄走向联合斗争的序幕。全文结构紧凑，文笔精炼而又富于变化，人物刻画生动细致。全文明写杨志一方，暗写晁盖、吴用一方，既写了杨志与晁盖、吴用等人之间的矛盾，也写了杨志与众军健、虞侯和老都管之间的矛盾。情节曲折有致，波澜迭起，悬念丛生，引人入胜。而天气景色的描绘和渲染更促进了矛盾的发展，增强了故事的真实感。阅读这篇文章，可用"三三两两"来概括——三个因素、三种技巧、两种矛盾、两组人物。

一、三个因素

我们分析一件事情的成败，常常用"天时、地利、人和"来评价，吴用等人劫取生辰纲，就"智"用了这三个因素。第一，天气炎热加上一路疲惫使杨志等押运者有懈怠之处，也几乎没有还击之力，而晁盖、吴用等人却早已等候在那里，以逸待劳，可以说已掌握了"智取"的有利因素，利用"天时"，以药酒做武器；第二，黄泥冈为必经之途，吴用等人选择了山冈和树林作为劫取生辰纲的最佳地点，此处人烟稀少，地处偏僻，易于动作，于此设伏占有"地利"；第三，吴用等八条好汉是一个团结一心、分工合作的战斗群体，又占"人和"。相反，杨志一伙在这三个因素中都处于下风。

纵观这三个因素，成败关键在"人和"，在人心向背。而杨志在"人和"这一点上的致命弱点是不善带兵，不善处理关系，只有军阀作风、棍棒纪律，以致他的部下一路怨声载道、离心离德。最后他黔驴技穷，指挥陷于僵局，完全被孤立。

二、三种技巧

1. 善用景物描写

善于运用对自然景物的描写来推动故事情节的发展，是本文的一大艺术特色，主要表现为对天气炎热的描写。从杨志一伙开始上路起，到杨志自己也喝酒解渴止，作品好几处着力写天气、写太阳、写树林。直接写"热"的有近二十处，通过写"凉"来间接写"热"的也不下十余处。这样从不同角度反复描写天气的炎热，为的是天热对下文故事的发展有着决定作用。因为天热，军健们苦热难熬才想休息，而杨志却要催着赶路，自然产生矛盾；因为天热，军健们才想饮酒解渴，而吴用等人就是要在酒中下蒙汗药。所以天热是"智取"的必要条件。

2. 巧用两条线索

《智取生辰纲》的整个故事有两条线索：明线是晁盖、吴用等人怎样得到消息，怎样联合，怎样定计，怎样行动，怎样劫取了生辰纲；暗线是梁中书怎样选派杨志押送，怎样上路，怎样中计，怎样丢失了生辰纲。这就是所谓"话分两头"。最后两条线索在黄泥冈相交，形成高潮，矛盾总爆发，无刀光剑影，仅用一个"智"字轻轻化解，暗线变明线，令读者恍然大悟，拍案叫绝。

3. 善用伏笔

杨志误失生辰纲实际在前文有多处暗示，例如"两个客人去车子前取出两个椰瓢来""一个客人从松林里走将出来，手里拿一个瓢"。在这个精彩伏笔里，"瓢"是"道具"，绝非闲笔。"瓢"有瓢的妙用，无瓢如何舀酒？舀酒正为相机下药。"椰瓢"多次出现，不是凭空布设，游离情节之外，而是草蛇灰线，伏脉千里，成为"智取"的有机组成部分，令情节摇曳多姿。

三、两种矛盾

小说有两种矛盾：一种是杨志与众军健、虞候、老都管之间的内部矛盾，表现为押送途中快与慢、走与停、要喝酒与不准喝酒的矛盾。在整个故事中，这是次要矛盾。另一种矛盾是杨志押送与吴用等智取的矛盾，这是整个故事的主要情节和主要矛盾，表现为在对生辰纲的态度上，杨志一方是明防，而吴用一方要暗夺。结果由于明防的一方内部不和,给暗夺的一方以可乘之机,终致失败。这些不同的矛盾互相勾连、互相影响,不断推动情节向前发展。

四、两组人物

一组是以杨志为首的矛盾重重的押送队。作者着意刻画的主人公杨志出身三代将门,一心只想封妻荫子,光宗耀祖。他明知这次押送有许多风险,但为做官,为出人头地,他仍然担起了这次任务。押送途中,尽管杨志精明干练、处处小心、时时在意,但和众军健的矛盾、和虞侯及老都管的矛盾,很自然地又使杨志归于失败。"失意、得志、幻灭"(茅盾语)是杨志性格发展的三部曲。失陷生辰纲是杨志命运的转折点,最终走上了反抗官府的道路。

另一组是以晁盖、吴用为首的英雄群体,他们紧密团结,足智多谋,敢于向贪官污吏抗战。他们充分利用天时、地利和押送队伍内部的不和,以假对假、以智斗智,紧密配合,最终获得了全胜。对这些英雄人物,作者都是把他们放在错综复杂的矛盾冲突中,通过人物本身的语言行动来描写的。作者并不下一按语,但人物形象却跃然纸上,栩栩如生。特别是"虚笔"写吴用,虽然主角吴用在劫取生辰纲的过程中几乎没有露面,文中却似乎处处有吴用——"此时无声胜有声",更突出了智多星吴用腹有奇谋、料事如神。

(原载于《中国教育教学研究杂志》2003年第85期)

一石激起千层浪

——《宝玉挨打》导读

宝玉挨打是《红楼梦》里的一个小高潮，是封建卫道者贾政与封建叛逆者宝玉之间的一场正面冲突。这场冲突以父子的矛盾为主线，同时交织着贾府统治者与被统治者之间以及统治阶级内部的矛盾斗争。宝玉挨打是贾府内外各种矛盾激化的一次大爆发，这件事震动了整个贾府，几乎牵动了上上下下每个人的心弦，各种人物都从各自的角度对宝玉挨打一事表明了态度。在相互对照中，作品把几个主要人物的性格特征刻画得更鲜明。以下就从四个方面对《宝玉挨打》这篇课文说明。

一、从挨打看原因

宝玉挨打首先是因为他没有和那个封建官僚贾雨村好好应酬，惹得贾政不高兴。其次宝玉一直为了丫鬟金钏儿跳井自杀而徘徊懊恼，精神恍惚间，恰巧又和贾政"撞了一个满怀"，使贾政恼怒异常。再次，忠顺王府派人来查问名艺人琪官（蒋玉菡）的下落，暴露了宝玉在外结交艺人的"浪荡"行为，这加剧了他们父子间的矛盾。最后，别有用心的贾环添油加醋地进谗诬告，将金钏儿投井之事夸大为宝玉"强奸不遂"。于是，一场早就潜伏着的冲突就像火山一样爆发了。

二、从挨打看冲突

贾政与宝玉矛盾冲突的焦点在价值观念、人生道路的选择、正统与非正统。一方是父亲望子成龙，要的是道德文章、仕途经济、光宗耀祖；另一方宝玉要的是知己、情场和得乐且乐、得过且过的叛逆。因此贾政认为，"不肖"子如此发展下去，不仅"于国于家无望"，而且有可能"酿到弑君杀父"的地步，即与宗法社会对立。所以思想正统保守的贾政对宝玉下了狠手，几乎欲置宝玉于死地，这反映出正统思想对叛逆意识的极端仇恨。

宝玉与贾环的冲突表现为嫡庶之争。宝玉与贾环虽然都是贾政的亲生子，但由于宝玉是王夫人所生，是嫡出；贾环是赵姨娘（妾）所生，是庶出。贾环因庶出，处处受到压抑，在家庭利益中肯定是占下风的。明争不行，贾环便施诡计。贾环诬告宝玉的目的就是企图在父亲面前争宠，设法扫除宝玉这个妨碍他继承家业的最大障碍。

贾政与贾母的冲突在于如何管教宝玉。贾母溺爱孙子，这是人之常情，她并不反对儿子管教孙子，只是对贾政痛下狠手难以接受。这样，在一场父亲打儿子、祖母护孙子、母亲骂儿子的闹剧中，以贾母用封建主义的"孝道"驯服了色厉内荏的贾政而告结束。

王夫人与贾政的矛盾，是贾政往往听信赵姨娘的谗言而不利于嫡党。因此，她劝阻丈夫主要以长子贾珠早死说事，以柔克刚。为的是巩固自己作为正统夫人所应拥有的一切利益，这是嫡庶之争在嫡方的表现。

三、从挨打看反映

宝玉挨打有如一石激起千层浪，冲击波很多。李纨想念贾珠，痛苦不已；凤姐管家风范，指挥若定；袭人强忍悲伤，悉心服侍。而王夫人、宝钗和黛玉的不同反映，作者刻画得尤其精彩。王夫人表现为行为的"热烈"和语言的"冷酷"。她第一个跑来解围，悲痛欲绝，以死相护，表现出的爱子之心何等炽热。她的誓死劝阻和撕心裂肺确有爱子之情，但更多的是欲维护自己正统夫人的地位和利益，"撂下我，叫我靠那一个""若有你（贾珠）活着，便死一百个我也不管了"，这又是何等冷酷啊！

宝钗的反应是第一个来探视。她的言谈举止镇定而安详，落落大方，但骨子里却认为宝玉"素日不正"，此次惨遭毒打是咎由自取，并借机规劝宝玉悬崖勒马，迷途知返。

黛玉则不同，她的关切是真情流露，不似宝钗的表面文章。黛玉不愿别人看到她对宝玉的关心，极力掩饰自己的深情，把感情深深地埋藏在无声之泣和简单的言辞里："你从此可都改了吧！"还有她那两个"肿得桃儿一般"的眼睛，更流露出她伤心至极、关切之深。

四、从挨打看高潮

宝玉挨打是《红楼梦》故事里的一个疾风暴雨似的大场面，这个高潮的形成很有层次感。金钏儿跳井、雨村临门是高潮的导因；忠顺王府索要琪官是高潮的诱因；贾环飞短流长、进谗诬告则是高潮的导火索。小说由远及近，丝丝入扣，脉络清晰，层层迭进。仿佛云是雨的征兆，从乌云一片到黑云翻滚，再到电闪雷鸣，最后大雨滂沱，一步步变化，一步步把情节推向高潮。从贾政对宝玉的神情变化看也很有层次：初见"原本无气"，接着"倒生了三分气"，之后"又惊又气""目瞪口呆"，直到"面如金纸""眼都红紫了"，最后在听到一系列的"劣迹"传言后，他怒不可遏，一声断喝，毒打开始了。矛盾激化了，高潮形成了，情节紧张，扣人心弦。

（原载于《中国教育教学研究杂志》2003年第86期）

例说古诗词名句里蕴含的哲理

　　哲理诗是我国文学宝库中一颗光彩夺目的明珠，是一种通过对具体事物的描述、议论来寄寓或阐发某种哲理的诗歌。如苏轼的名句"不识庐山真面目，只缘身在此山中"、朱熹的名句"问渠那得清如许，为有源头活水来"、王之涣的"欲穷千里目，更上一层楼"、叶绍翁的"春色满园关不住，一枝红杏出墙来"、汉乐府的"少壮不努力，老大徒伤悲"、陆游的"纸上得来终觉浅，绝知此事要躬行"等，这些诗句阐述了一定的人生哲理，给读者以美的熏陶和人生的启迪，引人深思。哲理诗以质朴的叙述、生动的描写、精彩的议论、鲜明的形象，通过比喻或象征等手法，揭示某种人生感悟、社会哲理，促人联想，启人心扉。正因如此，那些哲理名句备受文学爱好者的青睐，常常被人们铭记、征引，甚至被视为诗文创作的楷模。

　　我教学生这类诗词时，常常参照说理性文章进行教学，引导学生在理解诗意的基础上品味诗中富含哲理的句子，通过反复诵读，结合相关的故事和自己的理解来验证诗中的哲理，从中受到深刻的教育。也会在作文教学中让学生感悟哲理诗的意蕴，引导学生在自己的作文里引用这些哲理诗句做文章标题或议论的论据，抑或是运用它们进行哲理分析。

　　因为世界丰富多彩，哲理诗自然也就多种多样，诸如自然、社会、人生、理想、爱情、艺术等方面都有许多优秀的哲理诗，值得我们欣赏和研究。在教学中，我讲得最多是如下一些哲理诗句：

　　1. 无可奈何花落去，似曾相识燕归来。（晏殊《浣溪沙·一曲新词酒一杯》）

　　哲理分析：唯物辩证法认为，事物的运动变化是有规律的，规律具有客观性，它的存在和发生作用不以人的意志为转移。人不能创造规律，也不能消灭规律，规律的客观性集中表现在它的不可抗拒性。"无可奈何花落去"，其寓意为事物的变化具有规律性，人们无法改变。

2. 会当凌绝顶，一览众山小。（杜甫《望岳》）

哲理分析：应当敢于战胜任何艰难险阻，登上人生的最高峰，俯视天下，豪情满怀。一个人在事业上只有不断攀登高峰，才能取得不平凡的业绩。

3. 居高声自远，非是藉秋风。（虞世南《蝉》）

哲理分析：只要品格高尚、才能出众、贡献卓越，自能声名远播，并不需要某种外在凭借。

4. 欲穷千里目，更上一层楼。（王之涣《登鹳雀楼》）

哲理分析：要积极进取，努力向上攀登，只有站得高才能看得远。

5. 野火烧不尽，春风吹又生。（白居易《赋得古原草送别》）

哲理分析：唯物辩证法认为，新事物是符合客观规律、具有强大生命力和远大发展前途的，它的成长是一个由小到大、由弱到强、由不完善到比较完善的发展过程，我们要努力促进旧事物的灭亡和新事物的产生。生命力是顽强的，我们面对困境应该不屈不挠地奋斗。

6. 沉舟侧畔千帆过，病树前头万木春。（刘禹锡《酬乐天扬州初逢席上见赠》）

哲理分析：腐朽没落的旧事物、旧制度终究阻挡不住历史前进的潮流。新生事物代表了社会前进的方向，充满生机和活力，揭示了新陈代谢的自然规律，赞美新生事物强大的生命力。历史潮流不可阻挡，新生事物不可战胜。

7. 竹外桃花三两枝，春江水暖鸭先知。（苏轼《惠崇春江晚景》）

哲理分析：唯物辩证法认为，任何事物都与周围的其他事物相互联系着，孤立存在的事物是没有的。事物之间的联系形式具有多样性，其中有一种主要的联系形式就是因果联系，即事物之间那种引起和被引起的关系，"春江水暖"和"鸭先知"之间就是这种联系。

8. 纸上得来终觉浅，绝知此事要躬行。（陆游《冬夜读书示子聿》）

哲理分析：实践出真知，只有切身体会、身体力行，才能体会其中的酸甜苦辣，感悟其中蕴含的道理。

9. 江山代有才人出，各领风骚数百年。（赵翼《论诗（五首）》）

哲理分析：唯物辩证法认为，物质世界是运动变化和发展着的，发展是新事物代替旧事物的过程，整个世界就是一个无限变化和永恒发展着的物质世界，我们必须用发展的观点看问题。"江山代有才人出，各领风骚数百年"正是发展观点的体现。

10. 长风破浪会有时，直挂云帆济沧海。（李白《行路难》）

哲理分析：唯物辩证法认为，事物发展的总趋势是前进的，而发展的道路则是曲折的，事物的发展是前进性与曲折性的统一。因此，我们要正确对待前进中的困难与曲折，不能灰心丧气。"长风破浪会有时"预示的就是这个道理。

有些诗词文章或为处事之至理，或为劝世之良言。虽跨越千古，但如今读来仍是朗朗上口，其文辞之美、状物之精、明理之深，读一次便是一次的享受、一次的了悟。限于篇幅，就不一一详细分析，暂录一些常见的、暗含处世哲理名句，有的归类整理，有的简单解说。

1. 夕阳无限好，只是近黄昏。

事物都有一个产生、发展、灭亡的过程。

2. 试玉要烧三日满，辨材须待七年期。

实践是检验认识真理性的唯一标准。

3. 旧时王谢堂前燕，飞入寻常百姓家；年年岁岁花相似，岁岁年年人不同。

世间万事万物都处于运动变化之中。运动是绝对的，静止仅仅是相对的，物质世界是绝对运动与相对静止的有机统一。

4. 十年磨一剑；二句三年得；读书破万卷，下笔如有神。

任何事物的发展必须首先从量变开始，量变引起质变。

5. 东风不与周郎便，铜雀春深锁二乔。

内因是事物发展的根据，外因是事物发展的条件。

6. 新竹高于旧竹枝，全凭老干为扶持；春色满园关不住，一枝红杏出墙来。

事物发展的总趋势是前进的，新事物具有强大的生命力，新事物必定战胜旧事物。

7. 自小刺头深草里，而今渐觉出蓬蒿。

一切新事物的成长都要经历一个由小到大、由弱到强、由不完善到比较完善的过程。

8. 千淘万漉虽辛苦，吹尽黄沙始到金；山重水复疑无路，柳暗花明又一村。

说明事物发展的总趋势是前进的，而道路是曲折的。

9. 人间四月芳菲尽，山寺桃花始盛开；梅须逊许雪三分白，雪却输梅一段香。

矛盾的特殊性规定了一事物区别于其他事物的特殊本质。

10. 千红万紫安排著，只待新雷第一声；宜将剩勇追穷寇，不可沽名学霸王。

当量的积累达到一定程度时，就应不失时机地促成飞跃和发展，促成质变。

11. 汝果欲学诗，工夫在诗外；溪云初起日沉阁，山雨欲来风满楼。

说明世界上一切事物都处在相互联系之中，不依赖周围其他事物而孤立存在的事物是没有的。

12. 横看成岭侧成峰，远近高低各不同。

人们观察事物的立足点、立场不同，就会得到不同的结论。

13. 人有悲欢离合，月有阴晴圆缺；天若有情天亦老，人间正道是沧桑；野火烧不尽，春风吹又生。

规律（客观事物）是客观的，它的存在和发生作用不以人的意志为转移。

14. 苟利国家生死以，岂因祸福避趋之。

人生的价值在于对社会的贡献。

打通学生理解艺术表现
虚与实的"任督二脉"

——高中语文第五册《中国艺术表现里的虚与实》备课笔记

　　《中国艺术表现里的虚与实》是美学家宗白华的一篇文艺学论文，收录在高中语文第五册中。由于这篇课文涉及文言引文较多，所以必须首先让学生疏通文义，理解引文的含义，特别是与文章核心观点的联系；其次，厘清文章层次；再次，融会贯通各个材料和观点之间的内涵。学生理解有一定难度，这就需要教师做到深入浅出地讲解。

　　语文学科本身的内涵相当丰富，文史哲等包罗万象，简直就是一门"小百科全书"，语文教科书涉及古今中外的优秀文学作品，同时还选入了一些科普作品、艺术作品。因此，语文教师除了具有汉语言文学的专业知识外，还应结合教材适当地学习一些自然科学知识、文艺学知识，不断地搜集、积累有关语文教科书所涉及的图书资料、工具书、参考书，使自己拥有广博的文化知识，这样讲授文章时才不至于犯"常识性"的错误，减少备课的困难，讲课时才能做到得心应手。拿《中国艺术表现里的虚与实》为例，文中涉及绘画、戏剧、建筑等多方面知识，单一的学科知识是无法满足教学需要的，这就需要教师广泛涉猎，学习鉴赏美术作品的方法、建筑构造美感的赏析。

　　为了帮助学生更直观地理解观点的内涵，重点理解虚与实的关系，化虚为实，使难懂的文字变得形象化，易于理解。几年来，每教一遍这篇课文，我就积累一些补充资料，记录备课笔记、心得。在精心准备导语设计；美术、书法、绘画欣赏；诗歌、小说鉴赏；有关延伸练习等方面，我不断充实自己，牢记"要想给学生一碗水，自己必须得有一桶水"的教育箴言，勤于思考，刻苦钻研，让学生更好更快地理解艺术表现里虚与实的关系，让学生明白艺术是相通的道理，打通理解艺术的"任督二脉"。

一、导语设计备课笔记

导语一：

师（播放钢琴协奏曲《梁祝》，大约3分钟）：同学们，刚才我们听到的乐曲名称是什么？

生：《梁祝》。

师：同学们听后，觉得它的音乐有什么特点？

生：这首曲子声音忽高忽低，大时，众乐齐奏，势如排山倒海，惊天动地；小时，轻轻弹奏，似微风拂来，荡起点点涟漪，给人以无限遐想。我们好像看到了梁山伯与祝英台同窗共读的愉悦，又似乎看到了他们抗击命运、化蝶而飞的悲壮，极具艺术魅力！

师：从美学上讲，这就是音乐中虚实相生所产生的绝妙效果。二者选取了哪两种中国艺术进一步阐述虚实相生的手法？

生：绘画、戏曲。

师（课件展示南宋著名画家马远的《寒江独钓图》）：同学们，你从这幅画中看到了什么，感受到了什么？

导语二：

师：中华民族五千年的悠久历史孕育出魅力无穷的灿烂文明。那一首首脍炙人口的唐诗宋词，多少代又传唱至今；那一幅幅黑白相间的水墨画，使多少人望画陶醉；那一出出字正腔圆的戏曲，让多少人迷恋忘情。是什么样的魔力把他们吸引得如痴如醉？是怎么样的一根魔杖把他们引领得心魂难收？是艺术！下面我们就来学习一篇关于艺术技巧的文章。

导语三：

宋代的徽宗赵佶喜爱书画，常出题考画家。有一次考试，他出的题目是"深山藏古寺"。这个题目要画好并不容易。有的在山腰间画座古庙，有的把古庙画在丛林深处；有的庙画得完整，有的只画出庙的一角或庙的一段残墙断壁。宋徽宗一连看了很多幅都不满意，就在他感到失望的时候，有一幅画深深地吸引了他。又仔细端详了一番后，连连点头称赞，说："好，好，这才是'魁选'之作呀！"魁选，即第一名。

那幅画好在哪里呢？好就好在构思巧妙。那位高明的画家根本就没有画庙，画的是崇山峻岭之中，一股清泉飞流直下，跳珠溅玉，泉边有个老态龙钟的和尚，一瓢一瓢地舀了泉水倒进桶里。就这么一个挑水的和尚，就把"深山藏古寺"这个题目表现得含蓄深邃。从宋徽宗出考题画《深山藏古寺》一事中说明，只有虚实结合才会有美感，才可称之为艺术。下面我们就来学习一篇关于艺术技巧的文章（板书标题《中国艺术表现里的虚与实》）。

导语四：

从"唐伯虎画牡丹"一事中说明，虚实结合中的"虚"如果具有文化背景，就会增强作品的艺术感染力。虚实相生，有文化底蕴，是为"大"的层次。

作家反映现实、描绘生活时，时而采取正面描写，在形似的基础上传神地写出事物的形象特征；时而采取侧面烘托或暗示的写法，藏头露尾、若隐若现地描绘出那些难以描绘的、富于动态变化的对象特征。这两种写法，前者称之为"实写"，后者称之为"虚写"，也就是古人所说的"春之精神写不出，以草木写之；山之精神写不出，以烟霞写之"。虚实不仅是艺术创作的一条基本原理，更是美学原理中的一个基本命题。虚与实互相依存，对立存在，因相辅相成而统一。

二、文学艺术虚实相生备课笔记

（一）艺术

1. 治印

治印，以着字处为实体，以其配字、偏旁、点画间的空隙为虚处。其一，治印讲究虚实的对立、调和、生发；其二，既要讲字画线条、偏旁实体的安排，又要注重于字画线条分割出的所有空间（诸如形态、部位、大小等）的安排；其三，既要讲究空间大分割块的虚实顾盼，又要讲究包括每个小分割空间的虚实顾盼。虚实之说，体现在线条处理上就是断而气连、晦而透明，这类有虚实的线条粗细有主次、节奏有轻重、表里有起伏，钤于平面纸上能产生出浮雕般的立体感、层次感。此外，一印刻就，在钤盖时要注意虚实的运用。初学钤印如同治印，只关注于文字实体，而忽视空间虚部。重实轻虚，是一大通病。其实，钤印时也应该实中见虚，如果唯恐印面不清晰，印泥丰而湿，用力实且重，则事与愿违，钤出的印蜕势必会"逃掉"许多迷蒙空灵、可资玩味的东西。

2. 书法

王羲之的《兰亭序》中18个"之"字写法各异，虚虚实实，表现出王羲之飘逸洒脱的精神风度。

3. 建筑

天坛是皇家的祭祀场所。天坛面对着虚空的天穹，似乎能感受帝王一统天下的气魄。亭子本身并不是画，但与广阔的天地共同融为一幅大画。

4. 绘画

（1）虚和实是中国传统绘画的技法之一。实指客观地反映绘画对象，虚指图画中笔画稀疏的部分或空白的部分。"踏花归去马蹄香"的绘画表现为画面上一匹骏马在前行，有一只蝴蝶在围着马蹄翻飞，画中只有少量的野花。

（2）宋徽宗赵佶是一位擅长花鸟画的皇帝。在他当政的时候，曾将绘画列入科举考试，优胜者可进入"翰林图画院"任职。当时画院的考试很有意思，大多以前人的诗句为题，进行命题作画。有一次，画院用"竹锁桥边卖酒家"作为考题，让画家们作画。当时许多应试者都集中心思考虑如何重点表现酒家，所以大多以小溪、木桥和竹林作陪衬，画面上应有尽有，样样摆出。然而，画家李唐则不然。他独出机杼，在画面上巧妙地画出一弯清清的流水，一座小桥横架于水上，桥畔岸边，在一抹青翠的竹林中斜挑出一幅酒帘迎风招展。李唐这幅画虽然并未画出酒家，但他把酒家深藏在竹林之中，深得诗句中"竹锁"的意趣。结果，李唐得了第一名。清代沈宗骞评论李唐的画法是"露其要处而隐其全"，赞扬他是画中的高手。

（3）一幅迎风招展的酒帘可以引导欣赏者想象虚隐在竹林背后的酒家，一个挑水的老和尚能够启发欣赏者联想到隐藏在深山中香火缭绕的古寺。一个优秀的画家，深深懂得什么要"藏"、什么应"露"；什么该尽力描画、什么应留给欣赏者去想象。中国画中常有借一萌芽而绘春光似海、画一叶落而写秋意如杀、露一爪以示云海神龙、流片霞以呈天宇空阔，这种以不全求全，能把广袤的现实内容压缩在有限的画幅之中，既可扩大艺术的容量，又能使意境显得更加深远。因此，画家在尺幅之间，既可以表现峰峦出没、溪桥渔浦，也可以描画江天归帆，风雨烟岚。大千世界，尽收画家笔下。

（4）达·芬奇的名画《最后的晚餐》描绘了耶稣说出"你们中间有一个

人要出卖我"后，那一瞬间餐桌上十二个门徒各自的反应；德拉克洛瓦的《愤怒的美狄亚》刻画了美狄亚为了向另有所爱的丈夫伊阿宋报复，忍痛杀死自己的两个孩子前那一瞬间；列宾的《伊凡雷帝杀子》则表现了暴戾的伊凡雷帝一怒之下用权杖打死了与自己争吵的儿子后，那惊恐万状的一瞬间……这种种的"一瞬间"之所以具有极大的时间张力，包含着极为丰富的内容，就是因为在这一瞬间之"实"里，蕴含着无穷的"虚"。欣赏者能够通过这瞬间之"实"，体味、咀嚼事件的前因后果，领悟艺术家所要表现的思想感情。

（5）中国画中有一种重要的以虚为实的表现方法叫"空白"。所谓"空白"，就是在画中留下素白之纸，以无形当有形，给欣赏者留出想象力自由驰骋的余地。八大山人朱耷画鱼不画水，白石老人画虾不画水，这水虽被藏了，在画面上留下空白，但欣赏者仍然能够通过鱼虾的活泼动态感受那满纸的水。有"独步画院"之誉的南宋著名山水画家马远，他画山常只画山之一角；画水也只画水之一涯，其他景物也十分简练。他的山水画，画面上常常留出大片空白，空旷渺漠，意境十分深远。他的名作《寒江独钓图》，只画了漂浮于水面的一叶扁舟和一个在船只上独坐垂钓的渔翁，四周除了寥寥几笔的微波之外，几乎全为空白。然而，就是这片空白表现出了烟波浩渺的江水和极强的空间感，衬托了江上寒意萧瑟的气氛，从而更加集中地刻画了渔翁专心于垂钓的神情，也给欣赏者提供了一种渺漠的意境和广阔的想象余地。"计白当黑"中的"白"已非空白，而是画家从整体构思的高度，将"虚"与"实"有意识地运用于艺术表现的结果。

5. 戏曲舞蹈

戏曲中"虚实结合、虚实相生"是常见的。演员通过极少的道具营造出极丰富的意境，给人极大的空间感。比如舞台上老船翁的一支浆和摇曳的舞姿能让人感受到荡漾起伏的江水；站在荷花筐里的演员通过摇动的腰肢和左右晃动的手臂，给人以荷花随风摇摆的美感。

中国传统戏曲由于受"虚实相生"写意美学的影响，在舞台中使用了大部分虚幻的表现方式，如挥鞭马就走、摇桨便行舟、抬手门自开、提腿进门来。同时给予戏曲虚幻的舞台空间，让戏曲具备轻盈灵动的舞台表现环境。如"一圈圆场万里路，两排跟头万重山。三声更鼓四时过，六句唱腔一夜天"；四个龙套代表雄狮百万；四个靠旗代表队列里面有很多军旗等。

（二）文学作品

1. 诗歌

（1）杜甫的《月夜》"今夜鄜州月，闺中只独看。遥怜小儿女，未解忆长安。香雾云鬟湿，清辉玉臂寒。何日倚虚幌，双照泪痕干。"妙就妙在诗人不写战乱中自己如何思乡，而说家人怎样想念自己。化实为虚，化景物为情思。抽象的情感（思念妻子）附着于具体形象的（对月怀人）画面上，令读者驰骋想象于虚实之间，从诗人对妻子念之深推想妻子对丈夫思之切。

（2）唐代刘禹锡说"境生于象外"（见《董氏式陵·集记》），指出艺术意境所具有的"象"（实）与"境"（虚）的两个不同层次，通过"象"这一直接呈现在欣赏者面前的外部形象去传达"境"这一象外之旨，从而充分调动欣赏者的想象力，由实入虚、由虚悟实，从而形成一个具有意中之境、"飞动之趣"的艺术空间。

前人曾云："古人为诗，贵于意在言外，使人思而得之。"举出的典型例证就是《春望》。"'山河在'，明无余物矣；'草木深'，明无人矣；花鸟，平时可娱之物，见之而泣，闻之而悲，则时可知矣。"（司马光《续诗话》）诗人的不尽之意，正是在这有限之境中表现出来，意深藏在境中，使人思而后才能得之。

（3）"李白乘舟将欲行，忽闻岸上踏歌声。桃花潭水深千尺，不及汪伦送我情。"这首诗是李白天宝十四年（775）游览安徽泾县桃花潭后临别赠友之作。当诗人登舟欲行之际，"忽闻岸上踏歌声"。妙就妙在未见其人而先闻其声，以歌声代人，以虚寓实，虚实相生。诗人轻舟待发，而送行者踏歌相送（一边唱，一边用脚顿地打拍子）。"忽闻"表明这踏歌相送对诗人来说实属意外，就诗本身来说也是绝巧的意外之笔，使诗承首句铺叙之后陡起一笔。不仅使此景、此歌、此情犹如耳目，其人物情状呼之欲出，丰富了诗境的视听（时空）感，显出情感心曲的回流，没有以虚寓实是难以臻此妙境的。"桃花潭水深千尺"非一般浅潭小流可比，然而千尺之深的潭水比起汪伦那种诚挚、朴素之情来是远远"不及"的。而汪伦"送我情"到底有多深，诗人留下了大片空白（虚），任人去度量、去驰骋。汪伦情意之深豁然于人眼目之中，让人回味良久。后两句这种触物感兴、即兴象征以丰富诗的意蕴境界之法看似平易，道的眼前景，写的意中情，然而却是非扛鼎之笔所难以道出。李白诗之不同凡响，就在于他"妙境只在一转换间"（见沈德潜《唐诗别裁》），而"不及"二字是其关键。这种托物即兴、以物象征，化抽象的情谊（虚）为具象的形象（实），将难以丈量的无形情愫借用"眼前景"加以比较度量，使诗别开生面、空灵有趣、余味涵包、新颖警人。全诗仅二十八个字，却首以"忽闻"为一波折，使歌声以及送行人之姿犹如耳目之前；再以"不及"为另一波折，使人透过潭水千尺去体味诗人与歌者之间的情谊。

（4）在中国古代诗歌中"虚"和"实"结合的表现手法运用比较多。"虚"是指知觉中看不见、摸不着的虚幻世界或梦境等。一般情况下，"虚"包括三种类型：

第一，虚幻世界和梦境。例如，辛弃疾的《破阵子·醉里挑灯看剑》中，梦中胜利的虚幻之景与醒来时的白发现实形成鲜明的对比，让读者体味出诗人空有大志、报国无门的悲哀；苏轼的《江城子·十年生死两茫茫》也为我们描绘了一幅"夜来幽梦忽还乡，小轩窗，正梳妆，相顾无言，唯有泪千行"的虚幻之景。

第二，想象和回忆。例如，杨万里的《晓出净慈寺送林子方》前两句属虚写，表明西湖六月的风光自有特色，后两句属实写，具体描写了满西湖荷叶荷花在朝阳的映照下，无边无际的碧绿和艳红和谐地搭配着；《虞美人》中"雕栏玉砌应犹在，只是朱颜改"，句中"故国"的"雕栏玉砌"存在，但此时并不在眼前，也是虚象，作者将"雕栏玉砌"与"朱颜"对照着写，颇有故国凄凉、物是人非之感。又如陆龟蒙的《吴宫怀古》"香径长洲尽棘丛，奢云艳雨只悲风。吴王事事堪亡国，未必西施胜六宫"一诗中，诗人将昔日吴王荒淫腐朽的事实和眼前吴宫残破凄惨的景象浓缩在一句诗里，表现了诗人强烈的批判的态度。

第三，设想之境。例如，柳永的《雨霖玲》一词，上阕除"念去去，千里烟波，暮霭沉沉楚天阔"外，写的都是眼前实景、实事、实情，写词人和心爱的人不忍分别又不得不别的心情，是实写；下阕写对别后生活的设想，是虚写，着意描绘词人孤独寂寞的心情。虚实结合，淋漓尽致地写出了离别的依依不舍。"实"是指客观存在的实像、事实、实境。例如《梦游天姥吟留别》中的黑暗现实；《虞美人》中的"春花秋月何时了"；《念奴娇·赤壁怀古》中上阕的"乱石穿空，惊涛拍岸，卷起千堆雪"，写赤壁险峻的形势；《雨霖铃》中上阕所写的两人分别的情形，如"寒蝉凄切，对长亭晚""执手相看泪眼，竟无语凝噎"等。

"虚实相生"是指虚与实二者之间互相联系、互相渗透与互相转化，以达到虚中有实、实中有虚的境界，从而大大丰富诗中的意象，开拓诗中的意境，为读者提供广阔的审美空间，充实人们的审美趣味。虚实结合的表现手法有时能形成强烈的对比效果，从而突出诗歌的中心。例如谢枋得的《庆全庵桃花》："寻得桃源好避秦，桃红又是一年春。花飞莫遣随流水，怕有渔郎来问津。"全诗借桃花引出世外桃源，将隐居山间的眼前现实和陶渊明笔下的理想世界巧妙地结合起来，表达了作者避进山中的孤寂之情。虚实结合的表现手法有时能形成渲染烘托的作用，从而突出诗歌的中心。又如崔护的《题都城南庄》："去年今日此门中，人面桃花相映红。人面不知何处去，桃花依旧笑春风。"写一年的清明节，诗人去都城郊外南庄踏青，因为口渴，就向一位农家姑娘讨水喝。姑娘给了他一杯水，并倚在桃树旁凝视着他。这情景难以忘怀，第二年他又来到这里，虽然景物依旧，但姑娘却不知哪里去了。于是在紧闭的门上写了这首诗，表达了对并不在眼前的姑娘的思念之情。

2. 小说

（1）金圣叹在《水浒传》第二十六回《武都头十字坡遇张青》的批语中说："张青述鲁达被毒下，忽然又撰出一个头陀来，此文章家虚实相间之法也。然却不可便谓鲁达一段是实，头陀一段是虚。何则？盖谓鲁达虽实有其人，然传中却不见其事；头陀虽无其人，然戒刀又实有其物也。须知文到入妙处，纯是虚中有实，实中有虚，联绾激射，正复不定。"哈斯宝在《红楼梦》的批语中也谈到虚实结合法。他说："此书凡写实事，都不平淡描述，定要先虚写一笔做引子。"又说："在本回，作者才着意描写大雪，而降雪之兆早在第五回就有了的。第五回的雪全是虚写，本回里的雪全是实写，虚写为宾，实写为主。读者对照这两回，便明白虚实之道，通晓宾主之法。"金圣叹、哈斯宝都谈到了虚实相间法。

（2）"看画，不但要看画的实处，并且要看画的空白处。"绘画要注意空白处，小说也要注意空白处。小说中的虚笔用得好，所提供的空白形象，其艺术效果并不比实在的形象逊色。例如，《三国演义》中关羽温酒斩华雄的一段写得很精彩，历来被人津津乐道。其之所以精彩，主要是作者用了虚写的手法。华雄那么厉害，而关公能在酒尚温的工夫就把他的头提来，关公之神勇就可想而知。如果正面实写，不留给读者联想，其艺术效果未必有如此之好。白居易的《琵琶行》中描写音乐的效果是"此时无声胜有声"，而关公斩华雄这段描写倒可以说是"此时无象胜有象"。这一仗打得惊心动魄，但作者始终没有直接写交战的情况，而只是将笔墨限于军帐之中。先是写俞涉出马，结果即时被斩，"众大惊"；接着潘凤应战，又即被斩，"众皆失色"；正当一再失利之时，关羽挺身而出，却又遭袁术阻喝；曹操急忙解围，关羽又搁下酒不喝，冲出帐外；待到提着华雄头来，杯酒当温。读者只看到帐内会场上人们时而"大惊"，时而"失色"，时而"失惊"，时而"大喝"，时而"大喜"，探子飞马上上下下报信，关羽飞速出入军帐，还可看出诸侯间的矛盾冲突，真是急匆匆、闹哄哄。这一切都与帐外的战场相联系，战场上的鼓声、杀喊声震撼着帐内人们的耳鼓与心弦，帐内的气氛和人们的情绪也完全受战场形势的支配而变化。在这里，帐内是实写，战场是虚写，使读者既看到帐内的紧急情状，又能想见战场上的声势与气氛，一场曲折复杂而又震惊人心的战斗在短短篇幅中表现得淋漓尽致。如果将双方交战情景也一一写进去，就会显得烦琐冗长，反而不利于表现紧张气氛了。

这种虚实结合的写法不但可使结构紧凑，也更有利于表现英雄性格。作者不直接写关羽武艺如何高强、如何与华雄作战，只是以华雄搦战时众诸侯惊恐失色来反衬关羽的英勇胆略，以杯酒未寒而掷华雄之头于帐前写出他取胜之神速。用语不多，但突出地刻画了关羽的英武气概和超人本领。"温酒斩华雄"也就在读者心目中留下不可磨灭的印象。

（3）虚写写得好，会产生强烈的艺术效果，但并不是容易的，画论中说"实处易，虚处难"是有道理的。下面一段话是《三国演义》中对赵云之勇的描写："人报蜀将刘骏，马汉引军到。赵云曰：'某愿擒此二人！'言讫，上马引军出。玄德在城上管待马超吃酒。未曾安席，子龙已斩二人之头，献于筵前。"这也是虚写，而且赵云斩的是二将，但何以没有关羽斩一将出名呢？这显然是虚实结合得不好。

三、延伸练习

1. 下列哪项没有运用虚实结合的手法

（1）"深山藏古寺"这句诗的绘画表现：画中一个小和尚在深涧边挑水，画面中白云缭绕，只在画面的一角露出一座寺庙的檐角。

（2）京剧表演中，演员手拿马鞭在舞台上小步快跑几圈，表示的是舞台人物翻越千山万水，策马南征北战。

（3）"踏花归来马蹄香"这句诗的绘画表现：画面上一匹骏马在前行，有一只蝴蝶在围着马蹄翻飞，画中只有少量的野花。

【参考答案】

（3）没有运用虚实结合的手法。

2. 分析下列各例中"虚实结合"的手法

（1）故人西辞黄鹤楼，烟花三月下扬州。孤帆远影碧空尽，唯见长江天际流。（李白《黄鹤楼送孟浩然之广陵》）

（2）林冲"把被卷了，花枪挑着酒葫芦，依旧把门拽上，锁了，望那庙里来。入得庙门，再把门掩上。旁边只有一块大石头，掇将过来靠了门"。（施耐庵《林教头风雪山神庙》）

（3）"老栓也向那边看，却只见一堆人的后背；颈项都伸得很长，仿佛许多鸭，被无形的手捏住了的，向上提着。"（鲁迅《药》）

【参考答案】

（1）诗中实景是"孤帆远影"的"舞蹈动作"，碧空尽处和天际长江是虚灵的空景，扬州三月的烟花则只存在于想象之中了。

（2）利用人物动作暗示环境。花枪挑酒葫芦写手冷，暗示风雪严寒天气；石头靠门，写风雪大。

（3）借看客的姿势暗示夏瑜示众的场面。这是小说中实与虚、露与藏、明与暗的完美结合。

3. 读叶绍翁《游园不值》, 回答下列两问

游园不值

应怜屐齿印苍苔, 小扣柴扉久不开。

春色满园关不住, 一枝红杏出墙来。

（1）诗的上联非常含蓄, 暗示了很多内容, 请谈谈你的理解。

（2）下联是千古传诵的名句, 简析它的艺术特点。

读杜牧《长安秋望》, 谈谈其艺术特点。

长安秋望

楼倚霜树外, 镜天无一毫。

南山与秋色, 气势两相高。

【参考答案】

《游》: （1）以少写多、虚实结合是本诗的特点。

（2）此联恰当地处理了"全"与"粹"的关系, 虚实结合, 虚实相生。

《长》: 以实托虚是本诗的一大特点。

4. 读宋代曾公亮《宿甘露寺僧舍》, 回答下列问题

《宿甘露寺僧舍》

曾公亮

枕中云气千峰近, 床底松声万壑哀。

要看银山拍天浪, 开窗放入大江来。

问: 甘露寺位于镇江北固山下, 寺边没有千峰, 山下没有万壑。作者在甘露寺的僧舍中凭窗而望, 云气扑面, 仿佛置身千峰之上; 谷底来风, 好像投身万壑之中, 将读者带入一个虚无缥缈的境界。作者这样写的目的是什么? 这样写会产生什么样的艺术效果?

【参考答案】

把全诗作为整体来读, 前后相辅相成, 虚实掩映, 浑然一体。至此, 才知道诗人前两句将笔锋远扬, 避实就虚, 为后面的实写做铺垫, 为描写长江蓄

势。此诗虽小，却显示了诗人在布局谋篇上的非凡功力。正是采用了化实为虚的方法来写大江，才收到了良好的艺术效果。"开窗放入大江来"，大江又怎会涌进窗口呢？这里是诗人写自己的感觉，通过一叶窗口来欣赏万里长江这一图画。诗人采用这种小中见大的特殊角度不仅能避免意境的平淡，而且能给读者一种更新颖、更辽阔的美感，同杜甫的"窗含西岭千秋雪"（《绝句》）有异曲同工之妙。

古典诗词的意象例说

古典诗歌十分讲究含蓄、凝练。诗人的抒情往往不是情感的直接流露，也不是思想的直接灌输，而是言在此意在彼，写景则借景抒情，咏物则托物言志。这里所写之"景"和所咏之"物"即客观之"象"，是诗人感受到的客观物象；借景所抒之"情"和咏物所言之"志"即主观之"意"，是诗人的主观情意。"象"与"意"的完美结合就是"意象"，是分析、研究诗歌特有的名词。"意象"即意中之象，融入了诗人情思的形象，用康德的话说，即"灌注了生气的形象"。一首诗从字面上看是词的连缀，从构思上看是意象的组合。诗人不仅要用意象进行感受和思考，还要用意象来抒发自己内心的情感。古典诗词中的意象，往往是解读诗歌的一把钥匙。

中学语文对诗歌教学的要求是能够阅读、鉴赏诗歌，培养学生具有鉴赏诗歌的能力。高中语文教材中也会安排几个单元用于古典诗词的教学。让学生学会阅读和鉴赏诗歌，已成为语文教学的一个重要组成部分。2002年全国高考试题第17题，鉴赏李白的《春夜洛城闻笛》中"折柳"的寓意及其作用。当时许多考生不明其意或张冠李戴。由于"折柳"的寓意影响了第二个问题的思考，因此此题得分普遍较低。究其原因，是因为学生不知古典诗词的许多意象有着特别的含义。"折柳"为什么"寓有惜别怀远之意"？据《三辅黄图·桥》记载："霸桥在长安东，跨水作桥。汉人送客至此桥，折柳赠别。"原来，"折柳"是汉代惜别的风俗。汉乐府就有《折杨柳》曲，抒写离别行旅之苦。此曲一起，"何人不起故园情"呢？弄懂来龙去脉，寓意自然明矣。在平时的教学实践中，一些教师常常感到诗歌难教，学生也觉得只学到一点诗歌常识，对学过的诗歌仍然是似懂非懂，难以读懂悟透，更不用说形成诗歌分析、鉴赏的能力。原因是什么呢？主要是对诗歌艺术的特征和规律了解不够，尤其是对诗歌的意象模糊不清。由此启发我们，在古诗鉴赏备考复习中，不能不熟知一些常见意象的寓意。

众所周知，我们从古诗文中所见的典型意象，都是经过民族文化心理的积淀，在继承相同的历史和文化传统，以及共同的文化心理、生活方式、语言习惯和性格特点的基础上，形成的独特的审美文化心理意象。在诗人的眼里，自然界中的一草一木、花鸟鱼虫、风霜雨露都浸透着人的情感，都能反映人的精神世界，而且这些事物在漫长的历史进程中给中国文化赋予了某种特定的内涵。

今天，我们试图对古典诗歌里常出现的黄昏、月亮、红莲、柳、落花、雨、梧桐、玉、芭蕉、梅、杜鹃等意象做深情地阐释，让冷清空旷的古典殿堂回响着追溯人类古老的记忆和情感的悲风。让我们畅游民族精神的悠悠天地，接近心灵和智慧，让夜雪、山深、明烛、秋音、黄昏、细雨娓娓道出强烈的美感与悲怆，让我们用中国人的心灵、中国人的耳朵去感悟倾听从河洲水湄中唱响的心音。

那么，古典诗词中常见的意象主要有哪些呢？

一、植物类

1. 杨柳

象征送别、留恋、伤感、春天的美好。折柳是汉代惜别的风俗，后寓有惜别怀远之意。"柳"这一特殊意象的形成是历史文化积淀的产物，受到民族文化与民族心理的规定与制约，具有一定的约定俗成性。

"昔我往矣，杨柳依依。"《诗经》中的《采薇》是最早的咏柳诗。"依依"说尽杨柳之貌，简直是精准传神到只可意会而不可言传的地步，以依依的杨柳来象征离别时恋恋不舍，达到了情景交融的最高境界。如《送别》诗："杨柳青青着地垂，杨花漫漫搅天飞。柳条折尽花飞尽，借问行人归不归？"

2. 松柏

象征坚挺、傲岸、坚强、生命力。松树是傲霜斗雪的典范，自然是众人讴歌的对象。例如，李白的《赠书侍御黄裳》中"愿君学长松，慎勿作桃李"，韦黄裳一向谄媚权贵，李白写诗规劝他，希望他做一个正直的人；刘桢的《赠从弟》中"岂不罹凝寒，松柏有本性"，诗人以此句勉励堂弟要像松柏那样坚贞，在任何情况下保持高洁的品质。

3. 梧桐

梧桐是凄凉、凄苦、悲伤的象征。例如，王昌龄的《长信秋词》中"金井梧桐秋叶黄，珠帘不卷夜来霜。熏笼玉枕无颜色，卧听南宫清漏长"，写的是被剥夺了青春、自由和幸福的少女，在凄凉寂寞的深宫里形孤影单、卧听宫漏的情景。诗歌的起首句以井边叶黄的梧桐破题，烘托了一个萧瑟冷寂的氛围。徐再思的《水仙子·夜雨》中"一声梧叶一声秋，一点芭蕉一点愁，三更归梦三更后"，以梧桐叶落和雨打芭蕉写尽愁思。又如"一叶叶，一声声，空阶滴到明"（温庭筠《更漏子》）、"梧桐更兼细雨，到黄昏、点点滴滴"（李清照《声声慢》）等。

4. 菊

象征隐逸、高洁、脱俗。例如，屈原的《离骚》中"朝饮木兰之坠露兮，夕餐秋菊之落英"，诗人以饮露餐花象征自己品行的高尚和纯洁；元稹的《菊花》中"秋丛绕舍似陶家，遍绕篱边日渐斜。不是花中偏爱菊，此花开尽更无花"，表达了诗人对坚贞、高洁品格的追求。又如"宁可枝头抱香死，何曾吹落北风中"（郑思肖《寒菊》）、"寂寞东篱湿露华，依前金靥照泥沙"（范成大《重阳后菊花二首》）等诗句，都借菊花寄寓诗人的精神品质，这里的菊花无疑成为诗人一种人格的写照。

5. 花

花在一个从盛开到凋落的生命周期，提示着四季循环，暗示着年光流逝。这种美丽、短暂、动态的意象，给诗人留下的印象必然更为深刻。诗歌中对落花的感慨，可以归结为对美丽凋零的哀伤，花木凋零，美人迟暮。花开又落，春来春去，引发了多少年华消逝的感慨、多少光阴似水的人生感叹。青春难再，生命难再，岁月难再。例如，"林花谢了春红，太匆匆"（李煜《相见欢》）、"花开堪折直须折，莫待无花空折枝"（杜秋娘《金缕衣》）、"花谢花飞飞满天，红销香断有谁怜"（曹雪芹《红楼梦》）、"原来姹紫嫣红开遍，似这般都付与断井颓垣"（汤显祖《牡丹亭》）。

6. 梅

象征傲雪、坚强、不屈不挠、逆境。例如，陈亮的《梅花》中"一朵忽先变，百花皆后香"，诗人抓住梅花最先开放的特点，写出了不怕打击挫折、敢为天下先的品质，既是咏梅，也是咏自己；王安石的《梅花》中"遥知不是雪，为有暗香来"，既写出了梅花的因风布远，又含蓄地表现了梅花的纯净洁白，收到了香色俱佳的艺术效果；陆游的《咏梅》中"零落成泥碾作尘，只有香如故",借梅花来比喻自己备受摧残的不幸遭遇和不愿同流合污的高尚情操;王冕的《墨梅》中"不要人夸颜色好,只留清气满乾坤",以冰清玉洁的梅花反映自己不愿同流合污的品质,言浅而意深。

7. 莲

由于"莲"与"怜"同音,所以古诗中有不少写莲的诗句,借以表达爱情。例如,南朝乐府《西洲曲》中"采莲南塘秋,莲花过人头;低头弄莲子,莲子青如水"。"莲子"即"怜子","青"即"清"。这里是实写,也是虚写,语意双关,采用谐音双关的修辞,表达了一个女子对所爱男子的深长思念和爱情的纯洁。又如《子夜歌四十二首》之三十五中"雾露隐芙蓉,见莲不分明",雾气露珠隐去了荷花的真面目,莲叶可见,但不甚分明。这也是利用谐音双关的方法,写出一个女子隐约地感到男方爱恋着自己。

8. 梧桐

梧桐在中国古典诗歌中和芭蕉差不多,大多表示一种凄苦之音。例如,白居易的《长恨歌》中"春风桃李花开日,秋雨梧桐叶落时",秋日冰冷的雨打在梧桐叶上,好不令人凄苦;李煜的《相见欢》中"寂寞梧桐,深院锁清秋";温庭筠的《更漏子》中"梧桐树,三更雨,不道离情正苦。一叶叶,一声声,空阶滴到明";李清照的《声声慢》中"梧桐更兼细雨,到黄昏,点点滴滴",可见秋雨打梧桐,别有一分愁滋味。

此外,还有一些植物表达特定意象的。如红豆借指男女爱情的信物,比喻男女爱情或朋友情谊;禾黍象征黍离之悲(国家的今盛昔衰);岁寒三友(松、竹、梅)、菊花象征人高洁的品格。

二、动物类

1. 鸿雁

鸿雁是大型候鸟,每年秋季南迁,常常引起游子思乡怀亲之情和羁旅伤感。如薛道衡的《人日思归》中"人归落雁后,思发在花前",早在花开之前就起了归家的念头,但等到雁已北归却还没有归家。以雁写思的还有"残星数点雁横塞,长笛一声人倚楼"(赵嘏《长安秋望》)。还以鸿雁指代书信、音讯。如"鸿雁几时到,江湖秋水多"(杜甫《天末怀李白》),又如李清照词云:"雁字回时,月满西楼。"

2. 寒蝉

秋后的蝉是活不了多久的，一番秋雨之后，蝉便剩下若断若续的哀鸣，命在旦夕。因此，寒蝉就成为悲凉的同义词。如骆宾王的《咏蝉》起首两句："西陆蝉声唱，南冠客思深。"以寒蝉高唱渲染自己在狱中深深的怀想家园之情；柳永的《雨霖铃》开篇是"寒蝉凄切，对长亭晚，骤雨初歇"，还未直接描写别离，"凄凄惨惨戚戚"之感已充塞读者心中，营造了一种足以触动离愁别绪的气氛。由于蝉栖于高枝，风餐露宿，不食人间烟火，则其所喻之人品自属于清高一型。如骆宾王的《在狱咏蝉》中"无人信高洁"，虞世南的《蝉》中"居高声自远，非是藉秋风"，他们都是用蝉喻指高洁的人品。

3. 杜鹃

在中国古典诗词中杜鹃常与悲苦之事联系在一起。如李白诗云"杨花落尽子规啼，闻道龙标过五溪"，又如李白的《蜀道难》中"又闻子归啼夜月，愁空山"。杜鹃的啼叫好像是说"不如归去，不如归去"，容易触动人们的乡愁乡思。范仲淹诗云："夜入翠烟啼，昼寻芳树飞。春山无限好，犹道不如归。"

4. 鹧鸪

鹧鸪鸟的形象在古诗词里也有特定的内蕴。鹧鸪的鸣声让人听起来像"行不得也哥哥"，极容易勾起旅途艰险的联想和满腔的离愁别绪。如"江晚正愁余，山深闻鹧鸪"（辛弃疾《菩萨蛮·书江西造口壁》）等，诗中的鹧鸪都不是纯客观意义上的鸟。

5. 猿

猿啼出现在诗歌中常常象征着一种悲伤的感情。例如，杜甫的《登高》中"风急天高猿啸哀"；郦道元的《水经注·江水》中渔者歌曰"巴东三峡巫峡长，猿鸣三声泪沾裳"；李端的《送客赋得巴江夜猿》中"巴水天边路，啼猿伤客情"，他们都借助猿啼表达伤感的情绪。

此外，在古诗词中，莼羹鲈脍指家乡风味，后来文人以"莼羹鲈脍""莼鲈秋思"借指思乡之情；沙鸥象征飘零、伤感，如杜甫"飘飘何所似，天地一沙鸥"，等等。

三、事物类

1. 月亮

象征思亲、离愁别绪、思乡之愁。如"举头望明月，低头思故乡"（李白《静夜思》）、"小楼昨夜又东风，故国不堪回首月明中"（李煜《虞美人》）。望月思故国，表明亡国之君特有的伤痛。又如"碛里征人三十万，一时回首月中看"，碛即沙漠，茫茫大漠中几十万战士一时间都抬头望着东升的月亮，抑制不住悲苦的思乡之情。

2. 冰雪

以冰雪的晶莹比喻心志的忠贞、品格的高尚。如"洛阳亲友如相问，一片冰心在玉壶"（王昌龄《芙蓉楼送辛渐》），冰心即高洁的心性，古人用"清如玉壶冰"比喻一个人光明磊落的心性。再如"应念岭海经年，孤光自照，肝肺皆冰雪"，岭南一年的仕途生涯中，自己的人格品行像冰雪一样晶莹、高洁。

3. 长亭

长亭是陆上的送别之所。例如，李白的《菩萨蛮》中"何处是归程？长亭更短亭"；柳永的《雨霖铃》中"寒蝉凄切，对长亭晚"；李叔同的《送别》中"长亭外，古道边，芳草碧连天"。很显然，在中国古典诗歌里，长亭已成为送别的代词。

4. 羌笛

羌笛是出自古代西部的一种乐器，它所发出的是一种凄切之音，唐代边塞诗中经常提到。如王之涣的《凉州曲》中"羌笛何须怨杨柳，春风不度玉门关"；岑参的《白雪歌送武判官归京》中"中军置酒饮归客，胡琴琵琶与羌笛"；李益的《夜上受降城闻笛》中"不知何处吹芦管，一夜征人尽望乡"；范仲淹的《渔家傲》中"浊酒一杯家万里，燕然未勒归无计，羌管悠悠霜满地"。羌笛发出的凄切之音，常让征夫怆然泪下。

5. 水

在中国古代诗歌里，水和绵绵的愁思常连在一起。"问君能有几多愁，恰似一江春水向东流。""自是人生长恨水长东。"皆用东流之水来比喻绵绵不断的愁思。"离愁渐远渐无穷，迢迢不断如春水。""便作春江都是泪，流不尽，许多愁。"以流水与离愁关联，也是古典诗歌中常用的一种表现方式。

　　意象是古诗词中的一个重要范畴，从艺术的角度来说，古典诗词是由意象有规律、有目的地组合而成的。意象是鉴赏诗歌最基本、最重要的审美元素。抓住了意象也就把握了诗歌的意境、风格以及作者蕴含其中的思想感情。了解意象的特殊寓意，是读懂作品的关键。以上我们对这些古典诗词中的常用意象试做探析，或许能对鉴赏古代诗歌、准确捕捉古人所表达的思想情感起到事半功倍的效果。

如何帮助学生寻找诗眼

在古典诗词中，诗人写诗喜设诗眼、善设诗眼。我们鉴赏诗词时，如能准确找出并分析诗眼，是阅读、鉴赏古诗词一个非常重要的能力。在高考语文的试卷中，也出现过对诗眼辨析的考查，并且这种考题以其新颖和符合鉴赏规律获得语文界一致好评。

一、典例解说

李白的《赠汪伦》云："李白乘舟将欲行，忽闻岸上踏歌声。桃花潭水深千尺，不及汪伦送我情。"这首诗主要写友情，但是突出的却是一个"深"字，以水之深寓情之深，既形象又浪漫、既夸张又恰当地流露了对汪伦情谊的赞美。所以"深"是诗眼，它不仅概括了诗的内容，而且将"潭水之深"与"友谊之深"巧妙地联系起来。又如李白的《夜宿山寺》中"危楼高百尺，手可摘星辰。不敢高声语，恐惊天上人"，高是楼的特征，也是这首诗着力刻画的核心内容，为全诗的着眼点，即诗眼。"危"本来就是高，"百尺"是描绘高，"手可摘星辰"是强调高，"恐惊天上人"是夸张高。在这首短诗中，无一不是在写"高"。通过多侧面的描摹刻画、反复渲染，山寺危楼那高耸的形象就深深留在读者的脑海中了。另外，张继的《枫桥夜泊》的诗眼是"愁"；柳宗元的《江雪》的诗眼是"孤"；陈子昂的《登幽州台歌》的诗眼是"独"；孟浩然的《宿建德江》的诗眼是"客愁新"。

二、何为诗眼

诗眼有两种含义：一是诗中精妙传神的字眼（诗歌之眼），可以是一字、两字，也可以是一句，是全诗的"神光所聚"；二是诗人的眼识、艺术鉴赏力（诗人之眼）。

一般认为，诗眼往往是指一句诗中最精炼传神的一个字，是诗歌当中某一联或某一句中最能体现作者的思想观点和情感态度，具有概括性、生动性或情趣性，能笼罩全篇、全联或全句的词语，一般是动词或形容词。如能准确找到诗眼，也就找到了鉴赏诗歌的捷径。

我们在寻找诗眼的时候，要注意诗词中的动词、形容词、数量词和虚词。但是千万不可看到这些词性的词语就当作诗眼，须知先有"诗"后有"眼"，首先得理解整首诗词的含义，方能看出"眼"在何处。也不可看到一字就认为是全诗的唯一诗眼。诗眼有一句之眼、数句之眼、全篇之眼，可以是一个字，也可以是一个词、一句诗，或几句诗。更不可把生硬字看作诗眼。古人强调练字要精确而又有天然之妙，诗眼贵在贴切自然，应做到平字见奇、常字显妙。诗眼是"神光所聚"，要求它体现出一种集中性，在数量上不宜过多，否则使诗歌意蕴分散，读来难有流畅动态之感。

三、诗眼分类

1. 能揭示诗的主旨，是作者思想情感的凝聚点

这种词语一般具有浓厚的情感色彩。比如陆游的《书愤》中颈联"塞上长城空自许，镜中衰鬓已先斑"其中的"空"字，流露出作者自许塞上长城，满腔报国热忱却一直到老仍报国无门的怅惘与悲愤，读之令人扼腕，准确深刻地点明了本诗的主旨——抒写悲愤之情。

2. 能增强诗的形象性，是诗歌艺术特色的亮点

诗眼具有概括性、准确性、生动性、形象性或情趣性，一般指动词。如王安石《泊船瓜洲》中的名句"春风又绿江南岸"，其"绿"字诗思深沉、情思浩荡，既生动形象地写出了江南春风和煦、百草逐生、千里江岸一片新绿之景，又在这益然生机中展示出作者当时奉诏回京的喜悦，还流露出作者经历第一次罢相之后，虽被再次征召回朝，但不能不产生的重重忧虑。其高度的概括性、丰富的表现力的确让人称道，难怪王安石不厌其烦，易"十许字，始定为绿"。又如宋祁《木兰花》中的名句"红杏枝头春意闹"中的"闹"字，运用拟人手法，将春杏怒放、生机勃勃之景生动形象、极具情趣地展现在我们眼前，王国维赞之"一闹字而境界全出"。

3. 能点染诗歌意境，是解读诗歌的关键点

如白居易的《长相思》上片中"汴水流，泗水流，流到瓜洲古渡头。吴

山点点愁"，其中的"愁"字就是全片的诗眼。读完前三句尚不足为奇，就写两条河在流，流到瓜洲的一个古渡头，但一读到"愁"字，词意陡然变化，山水含愁，万物齐悲，主人公的哀愁弥漫山水、充塞天地，一字点醒全片，产生了撼人心魄的艺术魅力。杜甫的《江畔独步寻花》中"黄四娘家花满蹊，千朵万朵压枝低。留连戏蝶时时舞，自在娇莺恰恰啼""满"和"压"就是诗眼，满枝蓬蓬勃勃的花遮住了小路，这就是"满"，而"压"又是"满"的原因，正由于千朵万朵的花相互挤压，长满花朵的树枝才延伸到了花间小路上。可以想象这样一幅画面：鲜花满路，繁英压枝，香透天际。蝴蝶醉了，在尽情地欢舞，流连忘返；黄莺醉了，在婉转地歌唱，歌声悦耳动听。在这里，我们感受到了融融春意、勃勃生机，感受到了诗人无限的舒适和快慰。孟浩然的"野旷天低树，江清月近人"，"低"写出人在舟中仰望天空的独特视角，非常准确；"近"字写月亮仿佛也温柔体贴、善解人意，来安抚诗人那颗孤寂的心。

四、帮助学生找准诗眼

找准诗眼更要遵循诗歌的赏析规范，把握诗眼的艺术表达效果，体味诗眼的艺术表现力。

首先，"锁定"诗眼。让学生概览全诗，疏通大意后"锁定"诗眼。这个过程既能促进对诗作的细读，也在不断深化"何为诗眼""如何发现诗眼"的理性认识。如高适的《山中留客》中"纵使晴明无雨色，入云深处亦沾衣"。

从诗题看，"留客"是主旨，此二句用令人神往的意境积极诱导客人点燃心里要欣赏春山美景的火种，故应是诗眼。

其次，以"篇之眼""致广大"。以诗眼整合教学内容，包括两个层次：一是全诗的情节内容（写了些什么），二是情感主旨（为什么写）。再拓展延伸到诗歌之外，利用背景介绍、他人点评等材料，将诗歌解读置于更广大的空间。

再次，以"句之眼""尽精微"。常用的具体方法有换字法、比较法、填空法等。换字法，是教师提出其他字眼与原作中的字眼对照玩味，如"春风又绿江南岸"的"绿"字，可否改为"过""到""吹""拂"等字；比较法，是把看似简单的字眼与它并非诗眼的时候相比较；填空法是把诗眼空出来，让学生试着填字，如将"飘飘何所似，天地一沙鸥"中的"飘飘"二字空出来，让学生填叠词。

最后，组诗构建"诗眼"单元。为了让学生具有"留意诗眼、找准诗眼、品味诗眼"的习惯和能力，还要有意识地选择多首诗歌，构建"诗眼"单元。通过不同类型的作品，从各个角度认知不同特点、不同功能的诗眼，发挥"多篇教学形成合力"的单元教学优势。

五、迁移练习

阅读下边一首诗，分析这首诗的"诗眼"是哪两个字？并做简要分析。

咏　风

王　勃

肃肃凉风生，加我林壑清。驱烟寻涧户，卷雾出山楹。

去来固无迹，动息如有情。日落山水静，为君起松声。

参考答案：我们可以在诗歌中找到"动息如有情"一句，"诗眼"是"有情"二字。全诗扣住"风"的"有情"二字来写，前面从"有情"写它带给林壑以清爽，后面又由"有情"赞美它"为君起松声"。因为诗歌吟咏的是风，而一般意义上风是没有情的，但是作者却说它"有情"，显然是用了拟人的修辞方法，他让"风"活了起来。

六、小结说明

准确地分析与把握诗眼的艺术表达效果，体味诗眼的艺术表现力，遵循诗歌的赏析规范，"字不离句，句不离篇"。诗眼的最终指向是诗歌的意境，我们可从诗歌的创作背景、诗歌结构、思想感情与形象、句式活用、修辞和表现手法等角度体察诗眼的作用。

谈谈暑假语文学习的延续

暑假快到了，许多中学生在休闲娱乐之余都不自觉地继续着自己的语文学习。下面谈谈几种轻松愉快的延续语文学习的方法。

一、看一两本名著

随着岁月的流逝，古今中外的许多著作仍然绽放着璀璨的光芒，这就是我们要从中吸取"营养"的名著，如《神曲》《红与黑》《钢铁是怎样炼成的》等。这些名著最好是集中时间一次读完，读完后可以做些笔记或掩卷思索，也可以写一些感想评论。

二、"读"电视

每年的寒暑假，各级电视台都会安排丰富多彩的电视节目，有舞蹈、音乐、美术，更有文学。那些根据世界名著改编的电影、电视剧就是我们要"读"的内容，如《红楼梦》《三国演义》《水浒传》《围城》等。许多文学作品通过电视媒介表现得更加生动形象，大家不要放过"读"这些好节目的机会。

三、到大自然中去

清代张潮曾说："善读书者，无之而非书；山水亦书也，花月亦书也。能读无字之书，方可得惊人之妙句。"所以有条件的学生最好去参加夏令营、去旅游；没条件的至少也到户外走走，看看花草树木，看看鸟兽虫鱼，看看大海、江河、湖泊，看看蓝天白云。让自己的想象在大自然中放飞，让大自然陶冶自己的灵性。

四、走向社会

到社会的大熔炉里去锻炼学习。通过进行社会实践活动，如打工、做社会调查、走亲戚等，去接触社会，培养参与意识，了解社会，感受祖国的蓬勃发展。"风物长宜放眼量"，应开阔眼界，积累写作的素材，在实践中学习丰富的语言。

五、写日记、周记

把自己在暑中一些有意义、有趣的事情记下来；把自己对社会对生活的观察写下来；把自己最动情、感受最多或最深的东西记下来；把自己突然闪现的思想火花、灵感记下来。不一定每天都写，只要缘事生情、有感而发就够了。

（发表于《语文报》1993.7.5）

谈谈整句中对举语句在语文教学中的运用

句子有长有短，结构也各式各样。结构相同或相近的一组句子叫整句（包括对比、排比或二者之外结构相近的句子）。一般来说，整句结构齐整、音节和谐、渲染气氛、加强语势。尤其是整句中有一些处在对举位置的字词，其词性或结构相同，其词义要么相同、相对或相近，要么相反。这些特点可以帮助我们在语文教学中推测文言实词词义、整散句变换、句子衔接、为作文增添文采等，起到积极作用。

一、古诗文中运用对举推测词性和词义

对举，即相对举出。对举本是骈文的行文方法，后来古诗文中为了强调表达的效果，经常运用对举的手法，使诗歌和文章骈散结合，错落有致。处在对举位置的字，其词性必定相同，其词义要么相同或相近，要么相反。例如，《捕蛇者说》中"殚其地之出，竭其庐之入"就是一个典型运用对举手法的句子（其实这就是一句骈文），"殚"与"竭"相对，"殚"与"竭"的意思相同，都是动词；"出"与"入"的相对，"出"与"入"的意思相反。当然，还有"地"与"庐"相对，都是名词。

再如，"然积一勺以成江河，累微尘以崇峻极"，这两个句子的结构相同，意思也应该相近。现代汉语中的"积累"在本句中被分成了两个词，呈对举关系，所以它们的意思应该是一样的。此外前一句"成"与后一句的"崇"都是动词，意思也应该一样。而且本句中"一勺"与"微尘"、"江河"与"峻极"都可以相互参照来翻译。

在律诗中，一般颔联和颈联要对仗（即对举），运用对仗（对举）也可判断字的词性和词义。例如，在讲解李白的《渡荆门送别》中"月下飞天镜，云生结海楼"，学生对"下"字的翻译往往不能把握好，很简单地翻译"下"是"下面"的意思，望文生义。

其实，这两句就是对举，"下"对"生"。很明显"生"是个动词，那么"下"字百分之百也是个动词。"下"字应当翻译成"下映在江底"或"照映在江底"，绝不可以翻译成名词"下面"。

再如，"湖南之为邦，北枕大江，南薄五岭，西接黔蜀，群苗所萃，盖亦山国荒僻之亚"。要判断句中"薄"字的意思，运用文言中词义对举，"薄"与动词"枕""接"相对举，可推测薄是动词，取"接近"之意。

二、句式变化中运用对举进行散句、整句互换

汉语的句式丰富多彩、灵活多变，同一个意思可以用多种不同的句式来表达，而不同句式的表达效果也不完全相同。所以，变换和选择句式是高考试题中一种常见而重要的内容。根据表达的需要变换和选择句式，尤其是使用整句可以打破言语呆板枯燥，增强语言的感染力和说服力，也是人们运用语言的一种必需而有效的方法。整句指结构相同或相似，字数大体相等，排列整齐的一组句子，多使用对偶句、排比句、对比句、反复句、顶针句、回环句，词语或短语格式协调一致，匀整对称或对举，能起到形式整齐、音节和谐的修辞作用。

要使散句变成整句，就要使句子的结构相同或相似，最常见的是排比句和对偶句。变换成整句时可对句子进行分析综合，找出其相似点，找出句中对偶、对举的部分，从而划类归一。

比如，改写语段中画横线的句子，使之句式一致，本体、喻体搭配合理。（可调整语序、增删个别词语）

我常常趴在檐下听雨。雨声轻灵，是微风里孩子们温温的耳语；雨声像山沟里柳荫下激石的溪水般清脆；雨声舒缓得像黄昏里泉苔上栖着的蜻蜓的翅膀。那种特别的感觉一声一声圈占了我的心，滴进我的回忆……

分析：这里就要抓住三个结构整齐、对称的短语：雨声轻灵、雨声清脆和雨声舒缓。因此，改写后的句子为：

雨声轻灵，是黄昏里泉苔上栖着的蜻蜓的翅膀；雨声清脆，是山沟里柳荫下激石的溪水；雨声舒缓，是微风里孩子们温温的耳语。

又比如，调整下面文段画线部分语句的结构和顺序，使句式整齐，文意连贯。

那奇景既摄人心魄又诱人。看，河流宽阔汹涌、大浪滔天；古树参天、林

涛阵阵的森林；飞流直下、响声震天的瀑布；小溪流水潺潺、清澈见底；奇花异草争奇斗艳、招蜂引蝶；绿水滢滢、平静如镜的湖泊。我深深地对科罗拉多大峡谷那恢宏神美的形貌风骨产生敬畏并赞叹不已。

分析：除了把句中的河流、大浪、小溪、瀑布、湖泊等和水有关的归类，把树木、森林等归类调整外，再就是注意词组的结构相同、句式整齐了。调整后的句子为：

那险情奇景既摄人心魄又诱人。看，河流宽阔汹涌、大浪滔天，古树参天、林涛阵阵的森林；飞流直下、响声震天的瀑布，小溪流水潺潺、清澈见底；奇花异草争奇斗艳、招蜂引蝶，绿水滢滢、平静如镜的湖泊。我深深地对科罗拉多大峡谷那恢宏神美的形貌风骨产生敬畏并赞叹不已。

三、句子衔接中运用对举解题

句子衔接是中、高考语言运用方面的考查重点，主要考查思维的条理性、语言表达的连贯性，检测阅读理解能力、语言组合能力和思维判断能力。句子衔接题由两部分组成，即题干项和衔接项，把握题干项与衔接项之间的关系是解答此类题的关键。我们可以从许多方面考虑，而运用词语地对举关系看对等的短语、对应的句式就是一个重要方法。

例如，依次填入下列句子中横线处的语句，与上下文语意连贯、音节和谐的一句是（　　）。

每逢深秋时节，＿＿＿＿＿＿松竹山茶，色彩绚丽，美景尽览。

① 置身山顶，俯瞰槐榆丹枫。

② 置身山顶俯瞰，槐榆丹枫。

分析：句中，横线前是六个字，横线后是四个字，只有选②，前后节奏才一致，音节才和谐。

又如，在文中横线上填入语句，衔接最恰当的一项是（　）。

日出喷薄，阳光下，万只竞游的白天鹅在五彩斑斓的湖面上成了美丽的剪影，宛如水上一朵朵袅娜的白莲。

它们，＿＿＿＿＿＿；时而曲颈低头，娴雅胜似仙子；时而旋转对鸣，轻盈仿佛芭蕾。

A. 时而如同将军，神气地挺脖昂首

B. 时而神气地挺脖昂首，如同将军

C. 时而神气如同将军，挺脖昂首

D. 时而挺脖昂首，神气如同将军

分析：根据文段可看出，衔接项和后面两句总体构成排比句，故其句子结构应与后两句一致。"曲颈低头""旋转对鸣"均为并列短语；"娴雅胜似仙子""轻盈仿佛芭蕾"都是主谓宾结构的比喻句。因此，正确选项的前半句"时而"之后应为一个并列短语，后半句应为主谓宾结构的比喻句。备选项中只有D项的短语结构和句子结构符合要求，再加上"如同""胜似""仿佛"都是比喻的动词，十分对应，故而确定答案选D。

四、作文中利用对举增加文采

在写作中，如果能适当运用整句，尤其是四字词连用式整句为文，可以增加作文的文采，使文章短促而简洁、活泼而明快，并且结构匀称、感情充沛、逻辑严密、气势恢宏。四字连用的文段具有一定的整齐性，颇有传统古文声律和谐的特点，形式上有整齐之美，语言上有简练之美，逻辑上有缜密之美。无论构句、构段、构篇，都可以增加文章的厚重感和音韵美，所表现出作者对语言驾驭的能力很容易征服阅卷老师，收到奇效。

例如，有个文段原句是：

吴昌硕天资聪颖、才华横溢，他既接受传统，又熔铸百家，是一个善于变法、风格独特的艺术大师。

假如利用整句对举的方法稍加修改，便可增加文采。修改后的文段为：

吴昌硕是一个艺术大师，他天资聪颖、才华横溢，他接受传统、熔铸百家，他善于变法、风格独特。

河流宽阔汹涌、大浪滔天；小溪流水潺潺、清澈见底；瀑布飞流直下、响声震天；湖泊绿水莹莹、平静如镜；森林古树参天、林涛阵阵；奇花异草争奇斗艳、招蜂引蝶。

再请仔细体会以下整句的语言铿锵、抑扬顿挫、刚柔兼备的音韵之美。

文段1：春秋战国，诸子百家，深邃如江海，滋育华夏，有孔子老庄，恰似"江河万古流"；唐朝宋代，骚人墨客，浩繁如星辰，照耀神州，有李杜苏辛，正如"光焰万丈长"；元明清时，戏曲小说，高妙如山川，丰富民族，有汉卿雪芹，已是"托体同山阿"。

文段2：一支粉笔，两袖清风，三尺讲台，四季晴雨，加上五脏六腑，七嘴八舌，九思十想，教必有方，滴滴汗水，诚滋桃李满天下。十年寒窗，九章算术，八索文思，七纬地理，连同六五经，四书三德，两雅一心，诲人不倦，点点心血，德育英才泽神州。

文段3：窈窕淑女，君子好逑，求的是纯洁的爱情；三更灯火五更鸡，求的是学富五车、满腹经纶；东奔西走，马不停蹄，求的是富贵荣华。

知人论世品华章

知人论世是中国古代文论的一种观念，是评论文学作品的一种原则，也是进行诗歌赏析的基本方法。《孟子·万章下》曰："颂其诗，读其书，不知其人可乎？是以论其世也。"告诉我们在欣赏、吟咏古人的诗歌作品时，应该深入探究他们的生平和为人，全面了解他们生活的环境和时代。掌握知人论世的原则，有助于理解古代文学作品。

纪录片《唐之韵》里介绍，一位作家选择什么样的题材、表现什么思想、抒发什么感情，这一切既由他的人生观和生活经历决定，又与他所处的时代密切相关，所以诗人的思想情感和其作品的思想内容必定要打上时代的烙印。拿古诗词最繁荣的唐宋两代来说，不同朝代的诗词有不同的特点，所以鉴赏诗歌要根据作者所处的朝代与背景来理解，叫作"论世"。

比如，同样在唐代，不同时期对诗人的影响不同，产生的诗歌作品也不同。初唐至盛唐时期，经济繁荣，政治安定，故而唐士子均有建功立业的豪情与渴望（王昌龄的《出塞》），能跻身于仕林是他们的夙愿。而唐士子选择投身于仕林的方式除科举考试外，还可以从军或是献诗于权贵，希望得到引荐（孟浩然的《临洞庭湖赠张丞相》、朱庆馀的《近试上张水部》、张籍的《酬朱庆馀》），这就有了反映军营生活的从军诗、边塞诗（王之涣的《凉州词》）。而当一切均未奏效时，文人只能隐居山林田野，以诗歌寄情山水、歌咏田园，山水田园诗就应运而生（王维的《山居秋暝》）。

到了中唐，诗歌基本是乱离时世的悲歌。随着"安史之乱"的爆发，唐王朝迅速地由繁盛转入衰败，唐诗也随之发生了很大变化，出现了一些感时伤怀、讥讽时政、对人民疾苦表示关心和同情的诗作。杜甫的《兵车行》、刘长卿的《送李录事兄归襄邓》就是其中的代表作。

晚唐时，唐王朝进一步走向衰败，宦官操纵时局，士大夫党争不休，藩镇对抗朝廷，经济日益凋敝。时代把一层失望与沮丧的阴影投射在文人及其作品中，诗人们唱起晚唐王朝衰败的挽歌。文人将诗作题材转向内心，用较为含蓄的语言来表现自我，形成了以李商隐为代表的意境朦胧迷幻的晚唐风格，如李商隐的《锦瑟》。

再比如，北宋诗人为什么喜欢写哲理诗，南宋为什么会有那么多爱国诗呢？这就又要"论世"了。北宋是一个君权高度集中的专制政权，文人大都只能在忠于君主、报效国家的位置上确定自我的角色。因此思想受到严重的束缚，出现了"内转"现象。在"内转"的思想氛围中，文人自觉地收敛起放荡狂傲、任情任性的习性，变得老练深沉、正经规矩，诗歌创作也变得理性起来。如苏轼的《题西林壁》中"横看成岭侧成峰，远近高低各不同。不识庐山真面目，只缘身在此山中"，再比如朱熹的《观书有感》中"半亩方塘一鉴开，天光云影共徘徊。问渠那得清如许？为有源头活水来"。

而南宋偏安江南，中原沦于敌手，爱国之士"位卑未敢忘忧国"。这一时期，忧国、爱国成为诗歌中的时代强音，涌现出像辛弃疾、陆游等一批杰出的爱国诗人。他们把自己的终生追求与国家命运完全融为一体，其作品正是这种融合的结晶。例如，陆游的《十一月四日风雨大作》中"僵卧孤村不自哀，尚思为国戍轮台。夜阑卧听风吹雨，铁马冰河入梦来"。

总体说来，诗词总是或多或少地打上了时代的烙印。唐代国力强盛，所以诗歌格调高亢，情绪激荡，情感豪迈；而宋代则积贫积弱，国力衰微，已没有了大唐的气象，在知识分子的笔下，豪迈之气少了，悲凉之气多了；雄伟气魄少了，家国之愁多了。

那么身处同一朝代的作家风格是否相同呢？正所谓"诗言志"。可以肯定，由于作家的感情气质、艺术素养等各不相同，每一位诗人的人生经历、性格特点都会在他的诗歌中刻下深深的烙印，因而在创作中表现出各自独特的格调、气派和趣味，形成了作品的不同风格。比如，爱国忧民的杜甫可以写出"安得广厦千万间，大庇天下寒士俱欢颜"的雄浑悲慨；内向温婉的李清照就有了"满地黄花堆积，憔悴损，如今有谁堪摘"的绵密悱恻。曹操横槊赋诗，《观沧海》慷慨悲凉；曹丕志得意满，《燕歌行》志深笔长；曹植少年才俊，《白马篇》英逸豪迈。同为盛唐山水田园派诗人，王维追求隐逸，诗中有画；孟浩然追求入世，语淡而意长。

我们在平时的学习过程中，应对作家，特别是著名作家的生平、经历、思想等方面注意积累，才能为鉴赏诗歌做好准备。

比如，李白早年接受过儒、释、道三家的思想，与同时代的其他文人一样，具有恢宏的功业抱负。他的诗歌里充满了自信与狂放、执着的人生信念，以及饱满的青春热情、争取解放的蓬勃精神、积极乐观的理想愿望和强烈的个性色彩体现。如《梦游天姥吟留别》中"安能摧眉折腰事权贵，使我不得开心颜"；《行路难》中"长风破浪会有时，直挂云帆济沧海"。

再如，柳永长期生活在社会底层，与歌妓为伍，常为她们填词，这就决定了他的作品风格柔弱香软，相思、柔情在其作品中占有了重要地位，如《雨霖铃·寒蝉凄切》。

所以，诗人的创作固然离不开社会政治背景，但在同一背景下，诗人的不同际遇也会在诗歌中有不同的反映，即由诗人的经历与境遇决定诗歌的特殊主题。这就叫"知人"。

值得一提的是，鉴赏诗歌时不可机械地"知人论世"，生搬硬套地拿朝代或者作者的性格（甚至姓名、性别）来界定、鉴赏诗歌。即便是同一诗人的作品，也有不同的风格，只是写某种题材的作品多，某种风格占主导地位而已。最典型的代表就是李清照。李清照的作品以南渡为界，可以分为前后两个时期。前期生活优越，夫唱妇随，甚为相得，其作品内容充满了上流女子的闲适，即便有一丝愁意，充其量也只能视作闲愁。如《一剪梅》"花自飘零水自流，一种相思，两处闲愁"；后期，随着夫丧与战乱迫其南渡，而南渡生活孤苦加之心态已改，这种遭遇使得她的心情与前期判若两人，所写的作品也表现出满腹愁绪，如《声声慢》中"寻寻觅觅，冷冷清清，凄凄惨惨戚戚"。

李清照一向以"凄凄惨惨戚戚"之类的婉约词为人们所熟知，但这个看似弱不禁风的柔弱女子也曾发出热血男儿怒目金刚式的咏叹，如《夏日绝句》中"生当作人杰，死亦为鬼雄。至今思项羽，不肯过江东"。

再如辛弃疾，他一生力主抗金收复中原，所以豪放已成为他的作品的主旋律。但他也有充满生活气息的田园闲适之作，如《清平乐·村居》中"茅檐低小，溪上青青草。醉里吴音相媚好，白发谁家翁媪？大儿锄豆溪东，中儿正织鸡笼。最喜小儿无赖，溪头卧剥莲蓬"。

知人论世是传统的古代诗歌鉴赏方法，从孟子到鲁迅都深入地阐述了同一观点。只有把诗人及其作品放到广阔的时代背景上，特别是放到当时的文化背景上，才有可能看到其诗歌艺术的奥秘。高中古代诗歌鉴赏，要求教师从整体上丰富学生的文化素养和生活经验，培养学生联想和想象的能力，在诗歌教学中进行科学、正确地引导，让学生在日常生活中对古代诗歌进行触类旁通地鉴赏。

华美诗句列锦出

在古典诗词中，经常会出现一些名词或名词性短语，经过选择组合，巧妙地排列在一起，构成生动可感的图像，用以烘托气氛、表达情感、创造意境的名言佳句，这种修辞手法叫"列锦"，这种由纯名词组合成画面意境的古诗在鉴赏古典诗词的术语中叫"意象组合"。

意象组合类似于电影中的蒙太奇手法，是作者根据表达的需要，将一些意象按照生活的逻辑，有机地组合在诗中，给人以鲜明的形象感。最有名、最耳熟能详的例子当属马致远著名的小曲《天净沙·秋思》：

"枯藤老树昏鸦，小桥流水人家，古道西风瘦马。夕阳西下，断肠人在天涯。"

二十八个字勾画出一幅羁旅荒郊图。尤其是前三句十八字，九个名词连缀成不涂浓墨的书画，亦无一个虚造硬加的词，把十种平淡无奇的客观景物，天衣无缝地连缀起来，通过"枯、老、昏、古、西、瘦"等六个字，将诗人的无限愁思自然的寓于图景中，渲染了一派凄凉萧瑟的晚秋气氛，从而含蓄地烘托出旅人的哀愁。这种音节和谐、触景生情、情景交融、妙含无垠的小令曲，不得不令人拍案道奇。

再如温庭筠的《商山早行》：

晨起动征铎，客行悲故乡。鸡声茅店月，人迹板桥霜。槲叶落山路，枳花明驿墙。因思杜陵梦，凫雁满回塘。

本诗通过"征铎""故乡""鸡声""茅店""月""人迹""板桥""霜"等一些有特征性的事物，十分形象地描写了早行的情景，真切地反映了古代社会里一般旅人的某些共同感受。尤值得称道的"鸡声茅店月，人迹板桥霜"两句奇妙的古诗，虽无动词，却有丰富的动感，称得上是意象俱足的佳句。

还有南宋著名诗人陆游的《书愤》中"早岁那知世事艰，中原北望气如山。楼船夜雪瓜洲渡，铁马秋风大散关"，最后两句在句法上不用一个动词，纯用名词或名词性词组组合画面。"楼船"与"夜雪"，"铁马"与"秋风"，意象两两相合，甚为干净、典型，形成意境，给读者展开两幅开阔的战场画卷，给人以丰富的想象空间。这两句诗雄放豪迈，足见陆游浩荡诗才，为人们广泛传诵。

北宋江西派诗人黄庭坚也有两句"列锦"诗句常为人们所称道。"桃李春风一杯酒，江湖夜雨十年灯。"著名诗人张耒曾评价这两句为"真奇语"，句法上不用一个动词，纯用名词或名词性词组组合画面，形成意境，给读者以丰富的想象空间。用"桃李春风"与"江湖夜雨"，"一杯酒"与"十年灯"造成了短时间相聚之乐与长时间分离之苦的强烈对比，形象地表达出对黄几复的深切思念之情，以及对黄几复空有治国救民的才干而不能受到重用的怜惜和不平。全诗如下：

寄黄几复

（宋）黄庭坚

我居北海君南海，寄雁传书谢不能。

桃李春风一杯酒，江湖夜雨十年灯。

持家但有四立壁，治病不蕲三折肱。

想得读书头已白，隔溪猿哭瘴溪藤。

浅说罗湖区中小学国学教育的
现状分析及对策

新课改以来，国学教育越来越受到重视，加大国学在语文课程中的比例成为教育部的工作重点。随着这股国学热潮不断升温，国学教育在各地小学开展得如火如荼，越来越多的中小学有意无意地参与到了国学的教学推广中来。许多学校的国学教育取得了丰硕的成果，积累了很多经验。但随之而来的国学教育存在的种种问题也日渐凸显，中小学国学教育的现实问题与对策成为社会各界讨论的重要课题。为了更好地让国学走进基础教育，做好国学教育，我最近对罗湖区中小学（重点是小学）国学教育的现状进行了初步调研，对调研情况也进行了一点粗浅的反思。

一、罗湖区中小学国学教育的现状

在走访调查的11所中小学学校中，有5所学校目前已开设国学教育课程，这5所学校的被调查人数分别是42人、43人、41人、45人和42人。因此，调查统计就建立在这5所学校共213名学生的问卷基础上，统计内容包括学生就读学校的国学课程开设情况、对国学课的接受情况，以及国学课后的收获，有效问卷共213份。情况统计粗略如下：

1. 学校的国学开设情况

通过调查显示，国学教育课程在学校一周开设一次的情况较为普遍，比例达82%（比如碧波小学）；学校一周开设两次国学课的比例占20%（比如怡景小学）。从访谈的教师那里了解到，由于学生学业和课时相对紧张，加之没有专业对口的国学教师，一周一次国学课是目前比较理想的状态。

近90%的在校生接受的国学课都是学校的非正式课程，与语数外等其他科目有课时安排不一样，多数学校将国学学习安排在学生早读时间，并以诵读形式进行。据访谈教师介绍，学生的诵读任务多是由班主任或语文老师负责完成。

针对中小学化的学习特点，任课教师将书本知识与相关历史人物、民间故事等结合起来，既抓住了学生的学习兴趣，也发挥了国学的道德教化作用。另外，根据师资力量，个别学校还会加入传统艺术、民族器乐、围棋和"华容道""鲁班锁"的智力玩具学习（如怡景小学、东湖中学、碧波小学、东方学校）。

但是调查中发现，超过一半的国学课会被其他学科占用，正常的课时无法保证，国学教育的效果肯定不会好。

2. 学生对国学的接受情况

通过调查显示，60%以上的学生对国学课上采用多种教学方法使课堂内容丰富、气氛活跃的教师表示满意；单纯介绍书本知识的教师被学生认为教学呆板，满意度较低；还有少数学生不满意自己的国学老师，认为老师讲课晦涩难懂。看来，如何改进教学方法是一个亟待解决的难题。

另外，超过一半的学生表示非常喜欢国学课，有一部分学生是刚开始喜欢，还有少部分学生不太喜欢甚至讨厌国学课，学生数量呈递减状态。学生们表示学习国学后的收获较多，自己的知识面有所开阔，诵读理解能力得到提升，最重要的是自身的道德素养有很大进步。从教师和家长举的例子中也可看出，学生在学校更加友爱，在生活中更懂礼貌，表现出国学教育对他们潜移默化的教育作用。

通过对调查结果的分析，对我们发现开设国学教学的学校总体数量偏少，质量有待提高。据被访谈的教师介绍，未开设国学教育的学生对国学并非一无所知，部分学生在日常的学习中均简单地接触过国学，少数爱好传统经典的学生对国学有主动学习的意识，也组织过古文知识竞猜等小活动。另外，已开设国学教育课程的几所学校水平也参差不齐。有的学校国学课经过几年的发展，整体较为成熟；有的学校还处在初步阶段，仍不具备完善的教学条件，没有专门的国学教师及课时安排；有的学校开设国学课纯粹是由任课教师自发组织并参与进行，学校在课程标准、评价体系等方面没有任何明确的要求。

二、对罗湖区中小学国学教育存在的问题对策

1. 重诵读不求甚解

教师引导学生感悟时要注意点到即可，不可强求，做到若有所悟、不求甚解，这样更易于激发起学生对国学学习的浓厚兴趣。

2. 重仪式潜移默化

文化活动需要仪式的参与，适当地关注形式，在文化的仪式中，在文本的情境中，我们的教育就能获得卓有成效地发展。每学期带领学生深入阅读一部经典，每天温习，常常排练，在学期结束时做一次正式的诵读展示，这样经典就会刻在学生的脑海深处。这样的教不著一字尽得风流，一言一行义理自得。

3. 重内容丰富多彩

中小学国学教育的内容应该丰富多彩。一些学校认为学学《弟子规》、背背《论语》就是国学教育了，忽视传统文化中经典、艺术、民俗的关联性和整体性，没有从各年龄段的差异性构建完整的中小学传统文化课堂。

4. 重手段殊途同归

学校应根据具体情况设置国学课程，充分了解学生的情况，综合考虑学校教育的实际情况，在不增加教学负担和学习负担的前提下，通过专门学科教学和学科渗透方式，让学生了解更多国学知识，培养学生的国学意识。比如，将国学教学内容编成儿歌，或者改编成适合学生表演的短剧；把民族传统音乐和戏曲融合到音乐课堂教学中，引导学生诵读经典；开设学校特色课程，如围棋、书法、古筝等，引导学生感知不同的国学文化。

5. 重兴趣春风化雨

我们要鼓励学生在文化的时空下前行，引领学生在传统的经典中沉醉，让国学教育充满童趣、充满生机。千万不要单凭着一腔热情将国学经典毫无节制地引入课堂，使学生疲惫不堪，让学习变得索然无味。更不要用考试扼杀学生学习国学的兴趣，当我们将国学内容当作考试的利器，对学生分出三六九等时，学生就会在这样的分化中远离国学。

谈谈小学语文阅读教学目标设计及实施操作

　　随着国家实行新的课程改革，传统的小学语文教学也要做出相应的调整来更好地配合时代的脚步。在整个语文教学工作中，阅读是最为重要的。为了能够有效培养小学生的语文阅读功底，首先要对小学生的阅读制订相应的阅读目标，以提高学生的阅读能力，让学生顺利地阅读课外读物，为学生提供一个前进的方向。

　　设计阅读教学目标要充分考虑语言、认知、情感三个维度，要关注学生学习语文的兴趣和习惯的培养，善于结合课文特点以及学生的年龄特征和年段特点确定教学目标，防止过度拓展和拔高要求。据此，小学低段（1—2年级）的阅读教学目标应设为培养学生课外阅读的兴趣，能独立阅读教师推荐的读物，背诵自己喜欢的成语、格言、谚语和古诗等，制作简单的读书卡；小学中段（3—4年级）的阅读教学目标应设为努力培养学生课外阅读的习惯，在教师指导下做一些摘抄工作，并能对读物发表自己的见解和感想，与同学、父母进行交流；小学高段（5—6年级）的阅读教学目标应设为注重学生课外阅读能力的培养，如阅读速度、理解能力等，写一些简单的评论和读后感等，能自主选择课外读物。

　　根据小学语文阅读教学目标的设计，我们在语文阅读教学过程中按照知识与技能、过程与方法、情感与态度来进行阅读训练，这样能够更好地配合语文的教学工作开展，从而全面提高学生的语文水平、阅读经验，积累语文阅读技巧。在具体的阅读教学过程中，阅读教学应遵循阅读的双向心理过程，从整体到部分再到整体，重视和加强读的训练，力求在课堂内达到读通、读懂、读好三个层次的要求。每堂课学生读书的时间应保证在10分钟以上，朗读与默读并重，教师应根据教学需要并结合教学情境指导学生的朗读、默读、诵读和背诵。阅读教学要注重学生的语言积累，尤其要引导学生背诵经典的课文或段落，通过课内学习和课外阅读引导学生背诵《语文课程标准》要求的优秀诗文推荐篇目。小学各年段阅读教学的具体实施及操作过程如下：

小学低段（1—2年级）的阅读教学。一是利用每节语文课开始的几分钟诵读古诗、成语接龙歌和优秀片段等；二是利用每周一次的阅读课来激发学生的阅读兴趣，引导学生大声地朗读各种读物；三是指导学生做好简单的读书卡记录；四是指导学生读好绘本材料；五是学生自主阅读和积累，完成基本阅读任务。

小学中段（3—4年级）的阅读教学。一是利用每节语文课开始的几分钟诵读古诗和优秀散文等；二是做好以"拓展阅读"为核心的主题式阅读，年级组教师互相合作，找准教材的拓展点确定阅读主题，根据主题搜集相关的文章2—3篇，在备课中要有所体现，并做好拓展资料的积累与整理；三是指导学生逐步掌握怎样读懂文章的主要内容，怎样培养好的读书习惯，怎样提高读书速度等阅读技能；四是指导学生写简单的读书笔记，可以配上自己喜欢的小插图以激发兴趣；五是学生自主阅读和积累，完成基本阅读任务。

小学高段（5—6年级）的阅读教学。一是利用每节语文课开始的几分钟背诵经典片段等；二是利用每周作文课做好以"拓展阅读"为核心的主题式阅读，年级组教师互相合作，找准教材的拓展点确定阅读主题，根据主题搜集相关的文章3—4篇，在备课中要有所体现，并做好拓展资料的积累与整理；三是"相约好书、牵手美文"读书交流活动，语文教师利用每周的"阅读"课作为学生集体阅读交流的时间，指导并激励学生快乐读书，共享读书的乐趣，可开展"故事会""读书博览会""名人名言""书海拾贝""换一本书，交一个朋友""好书推荐""知识竞猜""报刊剪辑"等活动；四是指导学生写读书笔记或书评；五是学生自主阅读和积累，完成基本读书任务。

在具体实施过程中，学校也要充分利用校内外的教学资源，积极参与建设书香校园，设立班级图书角，指导班级读书会，创设"处处学语文、时时用语文"的校园和教室环境。语文教师要率先成为儿童文学作品的阅读者，主动为学生推荐读物，鼓励学生读原著、读整本的书，经常为学生推荐与课文主题相同、结构相似、难度相近的阅读材料。

"语基"训练 篇

修改病句一点通

一、关联词语放准位

1. 一般原则

若一个复句只有一个主语，关联词在主语之后；若前后分句有两个主语，关联词应在主语之前。

2. 正确例句

（1）我不但来了，而且来得特早。

（2）不仅我不认识他，我奶奶也不认识他。

3. 病句指瑕

（1）虽然我在那里有了职业，却是被资本家雇佣的。

提示：复句只有一个主语"我"，故"虽然"应置于"我"之后。

（2）这次补习，只能去一个人。他因为去了，所以我就不能去。

提示：后一复句有两个主语，故"因为"应置于"他"之前。

二、数量词语勿乱用

1. 一般原则

增加、扩大用倍数，减少、缩小用分数；确数、约数不混谈。

2. 正确例句

（1）小明叔叔的年龄恰好比小明大两倍。

（2）列支敦士登总面积为一百六十平方公里，相当于北京市的百分之一。

3. 病句指瑕

（1）我用了整整3个小时左右，才完成了这些作业。

提示："整整"是确数，与约数"左右"矛盾。

（2）期末考试，他五门功课平均分都在90分以上。

提示："平均分"是确数，"90分以上"是约数，前后矛盾。

（3）10年间，图书年出版品种增加了一倍多，而总印数基本持平，说明图书的平均数下降了一倍多。

提示：数字"下降减少、降低"等不能用倍数。

三、否定词语要注意

1. 一般原则

当句中有诸如"忌、防止、否认、禁止、忘、避免、几乎、无时无刻"等含有否定意义的词语时，或当否定词用在反问句中时，要想到是否"滥用否定"了。

2. 正确例句

（1）这个问题你应该原原本本地解释清楚，否则可能让人产生怀疑。

（2）中学生写作文，要留心观察各种现象，要有真情实感，切忌胡编乱造。

3. 病句指瑕

（1）睡眠有三忌：一忌睡前不可恼怒，二忌睡前不可饱食，三忌卧处不可当风。

提示：三个"不可"多余。

（2）近几年来，王芳同志几乎无时无刻不忘搜集、整理民歌，积累了大量资料。

提示："无时无刻"意为"时时刻刻都"，"忘"相当于"不记得"，多重否定造成混乱，反倒成了王芳没有搜集、整理民歌了。

（3）雷锋精神当然要赋予它新的内涵，但谁又能否认现在就不需要学习雷锋了呢？

提示：反问句相当于一重否定，再加上否定词"否认""不"，三重否定与所要表达的意思相反。

四、多项定语排好序

1. 一般原则

多项定语的排列次序一般是：表领属的或时间、处所的名词、代词（表示

"谁的"）+指示代词或量词（表示"哪一个""多少"）+动词或动词短语（表示"怎样的"）+形容词或形容词短语（表示"什么样的"）+表示性质的名词（表示"什么的"）。

2. 正确例句

（1）国家队的（表领属的）一位（数量）有20多年教学经验的（动词短语）优秀的（形容词）篮球（名词）女（名词）教练来了。

（2）博物馆（表领属的）展出（动词）了新出土的（动词短语）一千五百年前的（形容词）陶器（名词）。

3. 病句指瑕

（1）西藏自治区的只有六年学艺经历的三个年轻女歌手在大奖赛上表现抢眼。

提示："三个"是数量短语，应放在"只有"之前。

（2）外地的住在这座大楼里的同志，今天都参加"五一"游园活动去了。

提示："外地的"应与"住在这座大楼里的"对调。

五、提承关系要照应

1. 一般原则

前文提到两方面，后文也要两方面承接照应，反之亦然。特别要注意"是否、能否、是不是、能不能"等词语在句中的前后吻合。

2. 正确例句

（1）文字是否通顺，是衡量一篇习作优劣的重要标准。

（2）身体是否健康，是你能否立足社会的一个重要条件。

3. 病句指瑕

（1）保持艰苦朴素的作风，是关系到我们能否继承和发扬革命传统的大问题。

提示：后一分句用"能否"两面说，前面分句不能一面提，也应两面照应，在"保持"前加"能否"。

（2）我们能不能培养出"四有"新人，是关系到我们党和国家前途命运的大事，也是教育战线的根本任务。

提示：去掉"我们能不能"。

六、关联词语须搭配

1. 一般原则

关联词语的搭配一般是固定的。常见的互相搭配的关联词有"无论……还是（不用'和'）""因为……所以（不用'因此'）""尽管（不用'不管'）……都"，等等。

2. 正确例句

（1）因为来信太多，不能一一回复，所以写了这篇文章感谢广大的读者。

（2）一厂生产的灯泡，不是价格比二厂的高，就是寿命比二厂的短。

3. 病句指瑕

（1）无论干部和群众，毫无例外，都必须遵守社会主义法制。

提示：搭配不当，"和"应为"还是"。

（2）不管气候条件和地理环境都极端不利，登山队员仍然克服了困难，胜利地攀登到顶峰。

提示：搭配不当，"不管"应为"尽管"。

七、弄清"和"字消歧义

1. 一般原则

"和"既是连词表并列，又是介词表主次。确定"和"字在句中的词性，便能消除歧义。

2. 正确例句

（1）文件对经济领域的一些问题，从理论上和政策上做了深刻地说明和详细的规定。

（2）我和他一同去看楼。

3. 病句指瑕

他背着总经理和副总经理偷偷地把这笔钱分别存入了两家银行。

提示：有歧义。当"和"字是连词时，句意是他背着两个经理存钱；当"和"字是介词时，句意是他同副总经理一起背着总经理存钱。将"和"改为"、"便能消除歧义。

（原载于《读写训练》2003-2004年第7期，略有调整）

到广东，我们有很多不认得的字

初到广东的人，肯定和我一样，会遇到很多不认识的字，尤其是地名，我们一不小心就会读错当“白字先生”，甚至懵圈。有些人尽管在这里生活了几年、十几年甚至是几十年，有些地名可能一直也没读对。

刚到深圳那会儿，我经常去东部的海边玩，总是看到路边的路牌上标写着“东涌、西涌”的字样，我脱口而出：“东yǒng、西yǒng”。同车的广东人笑着纠正应该念：“东chōng、西chōng”。回去一查《新华词典》，涌即水边或者河流。广东很多地方近海靠水，很多地名都有“涌”字，如惠州的“霞涌”、东莞的“麻涌”等。

有一次我到深圳龙岗区，在粤信创意园附近见一地名——李朗社区大輋埔。看了又看，想了又想，还是不认得中间那个字。为此，我耿耿于怀。回来一查，原来那个“輋”字读“shē”音，“大輋埔”的正确读音是“dà shē pǔ”。

到惠州旅游，对“巽寮湾”三字还真不能脱口读出来。我想，很多到巽寮湾旅游的人都不知道“巽寮”“巽”字的正确读法，据说本地人也容易读错。巽是八卦中的一卦，代表风；寮指小屋。含“寮”字的村庄多分布在惠东稔平半岛、西枝江两岸及东江两岸。所以，“巽寮湾”的正确读音是“xùn liáo wān”。

广东海鲜、河鲜很多，广东人多爱吃。类似“花甲”“干贝”“蛤”“蛏子”之类的，大多看字能读出名字，但也有念不准的，比如“蚬壳岗”的正确读音是“xiǎn ké gǎng”。这个地方在惠州，估计惠州本地的年轻人很多都不知道，就位于惠城区南坛北路，美博城大门口那条路进去，斜坡上面。不知从哪个年代开始，一些生活在社会底层的贫民靠捕捞东江或西枝江上一种特有的贝类——黄沙蚬为生，将剔去蚬肉的蚬壳丢弃在房前屋后和道路两旁，日积月累，蚬壳越积越多，越堆越高，如山岗般，故名曰“蚬壳岗”。

在惠河高速有一处路标——“麻陂”，后面那个“陂”我一直不敢大胆地说出来，汉字下面的拼音是“má pí”，我以为就是读“má pí”。后来一查，读错了，应该读"má bēi"。另外，黄陂隶属于广东省梅州市兴宁市，始建于元末明初，距今已有700多年历史，商贸活动历来活跃，是兴宁市北部重要的商贸集散地，是黄陂镇的政治、经济和文化中心。黄陂河由北向东南流经黄陂镇，也是黄陂镇的唯一出水口，传说如此地理形状是旺财之风水宝地。据查，广东区域内含有"陂"字的村镇地名超过百个，四区三县均有分布，尤以博罗、龙门交界的东北部地区较为集中，沿海及惠东稔平半岛较少，以"陂"为名的村镇多为客家民系。

广东有数不清的地名，有些地名的读法只有本地人才知道，有些可能本地人都读错了，还有些地名会让我郁闷地、惭愧地认为白读中文系了，压根儿就不会读、不敢读，只能在心里默默地试着念。举例如下：

长湴"bàn"村，地处广州近郊，隶属天河区长兴街管辖，又与中山大学毗邻，故以其得天独厚的地理环境而得风气之先，成为民主革命的重要据点，在民主革命斗争中做出了很大的贡献。

石碁"qí"镇，地处广州市番禺区中部，因村头"龟如石"处有一石质碁（棋）盘及石质碁（棋）子而得名。石碁是个文明古镇，文化历史源远流长，底蕴丰厚，教育资源丰富，教育传统浓郁。

南礤"cǎ"镇，隶属于广东省梅州市蕉岭县，森林资源丰富，是蕉岭县松、衫、竹、柴、炭、松腊的主要产区之一，名胜古迹有石寨土楼、青云塔、金山笔等。

酥醪洞"sū láo dòng"，位于罗浮山。东晋葛洪在此建酥醪观，村名酥醪洞。

蚨蜞薮"fú qí sǒu"，位于惠东县，在环城南路附近。蚨，古书上说是一种虫子，传说用青蚨血涂钱，可以引钱使归，因此古代用作钱的别称；蜞，蟹的一种，能伤害禾苗，损坏田埂和堤岸；薮，本意指湖，也可以说是人或物聚集的地方。

替归村tán guī cūn，位于肇庆市封开县杏花镇。

横槎héng chā，原为河边小岛，常罹水患，居民以树枝为材料修坝拦水，水退后满地树杈，故取村名为"横杈"。"槎"与"杈"同音，于是改作"横槎"。

塔崀村tǎ nǎng cūn，因有荷赖塔在村的旁边而得名。该塔在20世纪60年代末因为受到雷击和风雨的损坏侵蚀，只剩下了半边依然矗立着。

硇洲岛náo zhōu dǎo，位于湛江市麻章区。

硇礐石náo què shí，位于汕头市濠江区。

尾埭wěi dài，也被称为"美埭"，和海埭、上棣、埭头、上埭尾、下埭尾等均是反映滨海味的地名。

据形推义 "猜读" 文言实词

　　每当讲到文言实词这个知识点、考点的时候，我都会以解释 "疑" 字开始，进而吸引学生。先板书一个大大的 "疑" 字，要学生们尝试着解释。之后，我会用粉笔圈画、分解这个字——匕、矢、矛、走，并解说："这个字是不是一个人在十字路口，犹豫怎么去打，是拿匕首短兵相接，还是拿箭矢（弓箭）长距离交战，还是拿长矛进攻，还是干脆逃走呢？意思就是这几个军事选择南辕北辙，表示主帅犹豫不定，是为 '疑'。很犹豫、很疑惑。"

　　学生们听我这样一解说，无不拍手叫绝的。事实上，《说文解字》这样解释 "疑" 字："疑，惑也。从子止匕，矢声。" 就是说，疑，迷惑而不知所从。字形采用 "子、止、匕" 作偏旁，采用 "矢" 作声旁。本义是动词，即在十字路口不知所往，或是思路不确定、不信任。

　　由此，我开始讲授如何 "猜读" 文言实词。

　　无论是《普通高中语文课程标准》还是《语文考试大纲》，对文言文阅读的要求都体现了准确理解文言字词句含义的重要性。"根据上下文正确解释常见实词的词义" 是阅读文言文的难点之一。文言实词是构成文言文的主体，是读懂文言文的关键。要读懂文，就必须读懂句；要读懂句，必须读懂词，尤其是实词，它是构成句的核心。学习文言实词首先要结合教材多读多记，培养语感，尤其是高中各册语文课本后《文言常用实词表》所收的340个实词，连同初中所学的200多个实词，是阅读文言文最基本的词汇库存，更应切实掌握。

　　但是成为阅读难点的，有一种情况是文言实词是初见的，但也会发现陌生的词常常有熟识的意义；另一种情况正好相反，熟识的字词在文中表现出特殊的使用意义，即临时意义；还有一种情况是语句中的深层含义及某种修辞格产生的特殊意义，都不易辨析。俗话说："供人一鱼，只解一餐；授人以渔，终身受用。" 教学贵在揭示规律、教给方法，让学生学有所得，能举一反三。在具体的课堂教学中要揭示文言的语法规律，教给学生准确理解文言字词句的方法——猜读法。汉字是表意文字，通过分析字形可以探知字的本义，即所谓的"据形推义"。下面就这种方法从几个侧面简单地谈谈"猜读"文言实词。

一、根据偏旁"猜读"

汉字中的形声字占百分之八十以上，其义符为领悟词义提供了有利条件。因为汉字是表意文字，并且由形旁和声旁组成，字中的形旁往往是表意的，可以通过表意的形旁来推测词的本义和引申义。

1. 用王（玉）做偏旁的字都有关美玉珍宝

（1）何故怀瑾握瑜，而自令见放为？（《屈原列传》）

瑾、瑜：美玉，此处比喻美好的品格。

（2）被明月兮佩宝璐。（《涉江》）

璐：美玉。

（3）白璧无瑕、瑕不掩瑜。

瑕：玉上的斑点。

（4）王乃使玉人理其璞而得宝焉。（《韩非子》）

理：从玉（左偏旁写作王），凡形旁从"玉"的字，本义都与玉石珠宝有关，据此可知，句中的"理"字的意思是"治玉"。

2. 用"纟"做偏旁的字与丝织品、绳索有关

（1）自缢于庭树。（《孔雀东南飞》）

缢：用绳子上吊，吊死。

（2）夜缒而出，见秦伯。（《烛之武退秦师》）

缒：绞丝旁，与绳索有关，用绳子拴着坠下去，用绳子往下吊，作状语。

（3）方其系燕父子以组。（《伶官传序》）

组：绳索。

3. 用"贝"做偏旁的字与钱财有关

（1）六国破灭，非兵不利战不善，弊在赂秦。（《六国论》）

赂：贿赂。

（2）今闻购将军之首，金千斤，邑万家，将奈何？（《荆轲刺秦王》）

购：悬赏征求，重金收买。

为举一反三，粗略归纳形符意义如下：

凡形旁从"钅（金）、木、氵（水）、灬（火）、土"者词义与五行有关。

凡形旁从"刂（刀）、弓、矛、戈、斤（斧）、殳（shū）"者词义与兵器有关。

凡"马、牛、羊、犭、鸟、虫"等与动物类有关。

凡"讠（言）、辶（辵）、忄（心），彳（行）"等与行为有关。

"月"与肉有关，如"肚""胆""肝""胸"。

"页"与首有关，如"领""颈""项"。

"禾"与五谷有关，如"秧""稼穑""稗"。

"阝"与地名有关，左包耳与"阜"有关，如"陵""陡""除"；右包耳与"邑"有关，如"都""邦""郡"。

"皿"与器具有关，如"盆""盅""盘"。

"宀"与房舍有关，如"家""宅""安"。

"求"与毛皮有关，如"裘"。

"㫃（yàn）"与旌旗有关，如"旌旗""旅""施"。

"旨"与美味有关，如"脂"。

"辛"与刑具有关，如"辟""辨"。

"隹（zhuī）"古书上指短尾巴鸟，与鸟雀有关，如"沙鸥翔集"的"集"就是鸟聚集在树上，再如"雌雄""雁"。

"能"与熊有关，如"熊罴"。

"尸"与身体有关，如"尾""屎尿"。

"女"与妇人有关，如"婿""妈""妹"。

"冖"与笼罩有关，如"冠""冢""冥"。

"攴（pū）"与敲击有关，如"敲"。

"歹"与死亡有关。

总之，本字关本义，形符表义不可不知。

二、根据字形来"猜读"

由于汉字是表意文字，有些象形字、指事字、令意字也可以通过分析字形来推测词义。

从字形推测本义。本义是指造字时最初（最早）的意思。造字法有六：象形（山、水、日、火）、指事（本、上、下、亦—腋）、会意（明、休）、形声（江、河）、假借（莫—幕、亦—腋、益—溢）。

如"襟三江而带五湖"（《滕王阁序》）的"带"是象形字，上半部分像带纽和左右佩，下半部分像垂带形，本义是腰带，这里是"以……为腰带"的意思。又如"危乎高哉！蜀道之难，难于上青天"（《蜀道难》）的"危"字是会意字，是从"厃（wēi）"、从"卩（节）"。"厃"是一个人站在高岸上的形象，"卩"是截止的意思。揣摩句义，不难知道这里不是指蜀道"危险"，而是感叹蜀道之"高"。再如"刃"是指事字，指刀上一点，表明为刀锋，可知"是以十九年而刀刃若新发于硎"（《庖丁解牛》）中的"刃"用其本义。

三、根据引申来"猜读"

围绕本义逐渐引申的词义，通过推断可以探知词义。

1. 特殊向一般引申

如"左右欲引相如去"（《廉颇蔺相如列传》）的"引"是会意字，右边的一竖表示弓弦拉到的程度和位置，"拉开弓"是其本义。由特指"拉弓"向一般引申开去，"拉"其他皆可以说成"引"。

2. 具体向抽象引申

如"卓既杀琼，珌旋亦悔之"（《后汉书·董卓传》）中的"旋"，本义是指旌旗随风飘转。由"转"引申为"快"，由"快"引申为"时间短、不久"之义，具体的"旗帜飘转"引申到抽象的"时间不长"。

需要说明的是，我们要掌握词义的引申规律。

（1）由具体到抽象，由虚到实。

（2）连锁式、辐射式引申。

用粤语方言推测文言实词的含义

文言实词是文言文的主要构成内容，正确理解文言实词是准确解读文言文的关键。高考语文对文言实词考查的"考试说明"是这样表述的："主要考查常见文言实词在具体语境中的意义。"这一要求包含着以下两层意思：

一是考常见实词，即在文言文中出现频率较高或在中学课本中经常涉及的实词，偏僻难懂的实词不在考查范围之内。

二是理解文言实词在文中的含义，说明并不是单纯考查字典中的释义，而是考查这些实词在上下文中体现出来的语境义，结合上下文做判别，不要死记硬背。

如何帮助学生理解文言实词，我想了很多办法，诸如根据象形字、会意字以形求义；根据成语绝大部分都保留古义用成语还原法；根据对称行文、同义反义连用行文来求义等。根据几年来的摸索，我找到了一种用粤语方言推测文言实词含义的方法。

来深圳很多年了，我基本听得懂粤语，也能说一点点，逐渐体会粤语的魅力所在以及语言文化的博大精深了。粤语中很多字都是文言文而来，在口语和书面语都保留了大量的古词语，而这些古词语经常能在古人的诗词中看到，对理解文言文的实词很有帮助。如"我系（hāi）广东人"中的"系"是典型的古谓语用法。再比如，饮啖茶（yen dan ca）中的"啖"就有喝、吃的意思，大家耳熟能详的"日啖荔枝三百颗，不辞长作岭南人"（《惠州一绝》）也是这个意思。

粤语中的词汇在现代汉语和古汉语同义出现的情况也有很多，如"畀"，粤语发音béi，普通话是"给"的意思。粤语词汇有畀钱、畀我。古文有"分曹卫之田以畀宋人"（《左传·僖公二十八年》），这里"畀"就是"给"的意思。

"畀"，也写作"俾"，广东话中的"给""让"多说"俾"。"天下第二行书"颜真卿的《祭侄文稿》中有写有"仁兄爱我，俾尔传言"，意思是"让你负责传言"。《诗经·小雅·巷伯》中有"取彼谮人，投畀豺虎。豺虎不食，投畀财虎"，读起来就像说粤语的感觉。

杜甫的"肯与邻翁相对饮，隔篱呼取尽余杯"中的"隔篱"正是粤语。"隔篱"指邻居。普通话不用"隔篱"，而是用"隔壁"或"邻居"。农村家庭的屋前屋后都会种些瓜果蔬菜，并以篱笆为界（后来才用墙），与邻居也是篱笆相隔。

李煜的"问君能有几多愁？恰似一江春水向东流"的"几多"也是粤语。粤语中日常如几多钱、几多个，普通话不用"几多"，而是用"多少"。

在粤语中保留了有许多古老发音，也有较多古词古义，措辞古雅，所以用粤语口语仍然能推断、猜测到许多古汉语的实词意思。

比如，粤语第一及第二人称用"我""你"，与官话相同。粤语中的第三人称不用"他"，而是"渠"（俗写"佢"），跟吴语一样。东汉《孔雀东南飞》中"虽与府吏要，渠会永无缘"；朱熹的《观书有感》中有"问渠那得清如许？为有源头活水来"，"渠"代指"半亩方塘"；曾国藩家书中，大量用"渠"来表示第三人称。

由于广东人忌"干"，所以不说"干杯"，而用"饮胜"。"胜"就是"尽""完"之意。《史记·项羽本纪》中有"杀人如不能举，刑人如恐不胜"；成语中"不胜枚举""美不胜收""不可胜数"的"胜"都是此意。

"谂"在粤语中有"想""思考""考虑""思念"之意。《诗经·小雅·四牡》中有"岂不怀归，是用作歌，将母来谂"。

"晏"，古文中意思很多，在粤语中有迟、晚的意思。"晏起"（迟起）、"晏昼"（下午）。"晏昼"表示中午或者下午，吃午饭叫"食晏"。《论语·子路第十三》有："冉子退朝。子曰：'何晏也？'对曰：'有政。'"根据粤语口语再理解这两句，就容易了。

教学感悟 篇

教学反思与专业化发展

林崇德老师说："优秀教师=教学过程+反思。"叶澜也说："一个教师写一辈子教案不一定成为名师，如果写三年反思就有可能成为名师。"所以，教育科研是教师专业化发展的重要推动力，教育教学反思是教学活动专业化发展的必经之路。

每上完一堂课，我总会从自身的角度跳出来，观察和分析自己。我经常会想："这里我本应该这样做，但为什么没这样？"也经常出现"为什么学生对我设计的这个问题一点都没有反应""为什么这节课在一班上得好，而在二班却不令人满意"的疑惑，等等。这种教育反思以体会、感想、启示等形式对自身已有的思想、行动，以及教育教学行为进行批判性思考。

这种理性思考还要转化成反思的随笔、札记，要写成"教后感"。通常我会围绕这些问题，总结教学任务是否完成；教学目标是否得当；哪些教学设计取得了预期效果；学生活动组织是否恰当；教师指导帮助是否到位；学生反应是否良好；学习情感、习惯如何；教师临场应变能力、教学机智表现和教学手段如何；问题情境是否适切；得意之作与"败笔"是什么；有无课堂高潮；学生有没有"一课一得"，等等。

教学反思还包括经常听别人的公开课，以及和同行切磋交流。通过观摩别人的公开课，分析别人成功和失败的原因，来反观自己的教学行为。观摩他人成功的教学可以为我们提供一个个活生生的教育思想和方法的典范，让我们感受与学习不尽相同的授课内容、组织形式、教学风格。即使观摩不很如意的实验课，也可使我们借鉴教训，少走弯路。

反思是联系昨天和今天的桥梁，今天的经验和教训是明天成功的基础。只有通过不断地反思，才能发现以前的不足以及好的方面，也才能在未来克服不好的，继承发扬好的，追求更好的。反思是教师实现自身理论与实践相统一的途径。我的教学论文和著作就是不断反思、不断积累才写成的。

课堂教学要讲究艺术

教学艺术是每一位教师永无止境的追求。实践证明，教学离不开艺术，只有讲究艺术的教学才能取得最佳的教学效果。课堂应该成为教师教学活动艺术化的舞台，教学要讲究艺术，需要创设艺术化的教学风格，让学生在潜移默化中乐于学习、勇于探索，达到点有所通、启有所发、导有所悟的教学效果。教学活动艺术化要求教师注重课堂语言艺术、课堂导入艺术、课堂板书艺术和使用多媒体艺术。

激发学生学习的兴趣要讲究艺术性，创设轻松、愉快的意境，使学生有一种享受感，自觉自愿地学。课堂提问讲究艺术性，恰当地提问能够充分地发挥学生的主观能动性，激发学生学习的兴趣，有助于学生分析问题、解决问题能力的提高。教师的"导"要讲究艺术性，学生的主体作用不是自发的，而是需要教师的启发和激励。

构成课堂教学艺术化的因素很多，只有每一位教师在实践中不断追求、不断探索，才能把每节课的教学变为精美的艺术品，才能真正激发学生学习的兴趣，把素质教育落到实处。

现在人们普遍认为课堂教学是一门艺术，是教师在课堂上运用优美的语言、和谐的动作、高尚的情操，给学生以美的享受。想要让课堂展现出强大的魅力，让学生和教师沉浸在艺术的境界之中，就要求教师必须努力追求各个教学环节中的艺术。当然，教学艺术化是对教师教学活动的导向和更高要求，教师应该始终把教学内容与形式的完美统一作为不懈追求的目标。教学艺术化的更高层次是因人而异、因时制宜、因事制宜，是一种创造性活动，是在无限次循环积累中不断进步和完善的活动。教学艺术化给人以教育上的收获、陶冶、熏陶和影响，是教师永远追求的主题和目标。

读《吕海东的童年》有感

读完《吕海东的童年》，我很有感触。以前我教高中，不太懂小学的教育，现在到小学了，再看此文，竟然感觉故事并不陌生。人们常说："重要的不在于故事，而在于意义。"

我们很多人，包括我自己也曾经像吕海东一样，很快就适应了考试和教师的批评，也很快地就流出了本不属于自己的童年眼泪。或许正像故事里讲的那样，"吕海东的童年结束了，是在明白考试的重要性时结束的"。

教师在学生的童年扮演的是一种怎样的角色呢？有没有以宽容理解的心去对待小学生的天性——懵懂、单纯、天真、执拗、无知无畏，不去扭曲或压抑他们的天性，不给他们的心灵留下阴影。如果教育、学校、教师已经在做一些摧残学生天性的事，那是什么造成的呢？自己儿时被"扭曲"，长大了当教师又"扭曲"学生。可等学生长大再当教师时，千万不要再"扭曲"下一代学生，不要恶性循环，要打破现有教育制度本身的某些局限性，打破教育制度的枷锁，冲出教育的某些怪圈。

保护童心，尊重儿童天性。

校本研训感想

2016年6月初，我参加了区教育局教科培中心和浙江大学联合组织的为期一周的培训。原以为此次培训只是学校继续教育的管理培训，没想到竟然是校本培训和校本研训管理的培训。

校本研训是以校为本的教学研究与培训。它为了学校、基于学校，将教学研究和培训的重心下移到学校，以课程实施过程中教师所面临的各种具体问题为研究对象，以教师为研究主体，理论和专业人员共同参与。校本研训强调理论指导下的实践性研究，既注重解决实际问题，又注重经验的总结、理论的提升、规律的探索和教师的专业发展，是保证新课程实验向纵深发展的新的推进策略。校本研训主张问题即课题、教室即研究室、教师即研究者。研训的形式主要有专业引领、同伴互助和自我反思，即通过理论学习、专家辅导、合作研讨、集体备课、教学反思等手段使研训工作落到实处。它的初级目标是促进教师的专业化成长，提升教育教学水平；终极目标是全面推进新课程改革，全面实施素质教育，为民族振兴提供强有力的智力支撑。

要从教师自主需求出发选择研训内容。学校的培训应该慎重选择培训主题与内容，尽量尊重教师意愿与需求，避免重复低效甚至无效的内容。要认真分析教师以往参与继续教育的情况，明确培训及教科研方面取得的成绩与不足，设计有针对性的《教师参与培训意向表》，让每一位教师根据自身实际选择需要培训的内容及方式。可以从以下几个方面来考虑：

（1）专业理论知识培训。

（2）教育教学主题研训活动（课例观摩研究与讲座结合）。

（3）个人文化素质提升培训（读书活动、优秀教育电影赏析活动等）。

（4）实践经验梳理总结（课题研究；教育叙事、论文案例反思的撰写等）。

除了将"教师专业发展""教育叙事""优秀教育电影赏析""信息技术

与学科整合"等作为全员参培内容，还可以以学科组为单位，坚持不懈做好课例观摩研讨，有针对性地开展课堂模式研究，进行阶段性教情、学情的分析。

可以根据年龄层次为教师确立不同的研训主题。新教师学规范、技术；青年教师重理论与实践结合研究；中老年教师重学习现代教育技术，唤起工作热情。

这种尊重教师自主需求的做法，真正将"要我学"转变为"我要学"，从而极大程度地激发教师参与研训的热情。

怎样记课堂笔记

记课堂笔记对提高学习效率、增强自学能力、积累复习资料等都具有很重要的作用。如何记好课堂笔记呢？

内容要取舍，切忌"眉毛胡子一把抓"。笔记要记"新"不记"旧"，新学的知识要记清、记全，要善于记那些带有方法、规律的内容，记那些对解答思考题、练习题有用的参考资料。语文和英语学习一样，都是关于语言和文字、文学的内容。词汇是基础，阅读是关键，写作是根本。可以说，语文的学习方法和英语的学习方法是完全可以通用的。

重点记老师强调的字词句。比如写在黑板上的、书中要求标识出来的，都需要特别注意。

重点记不懂的、有疑问的。字词句不懂的写下来，旁边打个问号，下课再查字典或问同学，答案写在疑问处。认为老师讲得不对的地方，如果自己确定的，可以当场指出老师的错误；如果自己并不确定，只是有点疑问，通过查字典可以核实的，也不要课堂问老师，下课问。

重点记方法、记思路。语文学习是个慢工出细活的浩大工程，临阵磨枪对数理化可能会有点用，对语文则效果不大。关注细节是学习语文的一大法宝。老师上课时说的每一个方法和思路都记下来，再加上一个例子来说明，这就是很好的笔记，如果补充上自己学习后的感悟就更好了。

重点记想法、记感受。把自己对老师讲的内容经过思考得到的体会简要记下来，温故而知新，经过反思与总结得出的东西就好比结出的果实，那种成就感和收获感是真正属于自己的。只想不写，不保存自己思考后的精华点滴，就会是说大话不务实的假大空，这种学习态度是最容易迷惑自己的，非常不可取。

到底是记在笔记本上还是记在课本上，要根据具体情况而定。一般来说，思路清晰、提纲挈领的板书宜记在笔记本上；划分的段落结构、归纳的段落大意、精彩的语句等则直接标注在课本上。

记笔记要求速度要快，运用自己在学习中摸索出来的、适合自己实际情况的速记方法，见缝插针地用于笔记中，也可以用只有自己看得懂的符号。

记完笔记后，要抓紧时间对照课本，及时回忆、整理、补充和修改笔记，必要时还可参考同学的笔记、老师的教案等。

中小学语文教学管理优化中信息技术的应用

　　语文是一门基础性的学科，其主要特点是富有人文内涵，其内在底蕴值得学生、教师进行深入挖掘。中小学生处于身心生长的时期，具有非常强烈的好奇心，中小学语文教师应着重把握好学生的这一关键时期，合理充分地应用信息技术这一现代化教学方式，丰富语文课堂内容，实现教学管理优化，充分激发学生学习的积极性，挖掘学生的潜能，从而提高教学效率、教学质量与教学水平。

一、中小学语文教研工作中信息技术的应用

　　首先，使课堂教学内容得到了丰富。教师在进行小学语文课堂教学的过程中应用现代信息技术，如PPT、虚拟教学环境等，可以在一定程度上提高课堂教学的丰富性、立体性和生动性。信息技术可以完全突破空间与时间的限制，使语文课堂情景实现动态性和立体性。同时，学生具有好奇心非常强的显著特点，信息技术教学方式可以吸引学生的注意力，提高学生学习的兴趣，使学生沉浸在课堂情境中，从而提高教学效率。

　　其次，可以广泛吸取名师之长。在教育教学领域之中，有许许多多的名师，应该广泛吸取优秀教师的教学经验、教学方式和教学理念，吸取别人的长处，不断地补充自身的专业素质，提高自身的教学能力。而互联网技术的发展、计算机的普及为教师提供了学习渠道，从事中小学语文教育的教师可以通过上网搜索、学习一些名师名讲，在学习过程中不断地得到进步。从这一方面来看，信息技术为教师提高自身的综合素质提供了另一途径，从而为实现教学管理优化提供了一定的积极影响。

　　最后，信息技术的应用在中小学语文教学课堂活动的实录方面具有重要的作用。在中小学语文课堂教学过程中，课堂主题活动是一项必不可少的重要环节。记录课堂主题活动的全过程，并在教学研讨时进行回放，是评估、点评、

分析教研工作的重要证据。这就需要信息技术的应用，可以采用录像的方式将课堂主题活动的全过程进行录制。

二、教师备课环节中信息技术的应用

1. 备课环节的网络化

教师进行教学的基础就是备课，备课环节的质量往往决定着教学质量。所以，备课环节的重要作用不容忽视。但大多数学校目前整个年级的语文教师都在同一个办公室之中开展备课工作，这样的做法容易使教师产生惰性，结果往往是弊大于利。面对上述问题，在备课环节中应用信息技术具有良好的效果。通过借助集体备课平台实现研讨过程、备课环节的网络化，可以对教师的备课工作起到监督作用，从而实现备课质量的提高。备课环节的网络化具有一定的操作流程，在新学期开始时，各年级组的教师应全面分析并研究教材内容，分工安排备课工作，主备教师应在规定的时间按学校在备课方面的统一模板进行备课。同时，还应该以教学进度为根据，把作业设计、相关课件与备课教案初稿在集体备课平台上进行发布。备课环节的网络化具有以下优势：

第一，教师通过对集体备课平台上发布的信息进行读取、研究，及时将自己的观点、建议向主备教师反映，从而使教师间相互交流、互相学习，实现教师间的博采众长，从而全面提高教师的备课能力。

第二，可以使教师之间共享备课成果。

第三，在一定程度上避免了传统备课方式的拖沓问题，提高了备课效率。

2. 备课管理的动态化

传统备课教案具有非常强的封闭性，新的教学内容、教学理念难以在其中展现出来，教师所搜集的新的教学资料无法及时地收录到传统教案中去。电子备课系统有效地解决了这一问题，能够随时将有关教学的新资料融入系统中，不仅可以随时应用新的资料，还可以使电子备课系统不断地得到丰富、完善，对教师自我管理也提供了方便。

电子备课系统可以为学校的行政管理工作提供便捷。以前有一部分教师因为缺少时间，无法及时地进行备课，也没有人进行督促，所以备课质量比较低，电子备课系统可以有效地改善这样的问题。设置了备课平台之后，教师的备课教案需要按时地进行上传，使得备课教案趋向全员化、透明化管理。此外，学校也可以在校园网上建立一个语文学科的电子备课平台，将最前沿的语文教学科研信息在校园网上进行公布，最优分享，具有非常高的实用意义。

三、结语

教育质量、教学水平不仅受到学生学习能力、教师教学能力的影响，还在很大的程度上受到学校教学硬件配备的限制与制约。传统教学配备、教学模式已经难以适应现代化教育的发展，在小学语文教学管理优化中，必须要应用信息技术。

参考文献

［1］陈石磊. 浅谈信息技术在小学语文教学中的应用［J］. 才智，2010，08：79.

［2］阮明俐. 中小学语文教学管理优化中信息技术的应用［J］. 成功（教育），2012，03：231.

［3］吴广玲. 中小学语文作文教学中信息技术的应用分析［J］. 中国教育技术装备，2015，11：141-142.

"文史哲不分家"，读书、教书做"杂家"

我读师范中文系时，老师总是教导我们，读书越读杂越好，"文史哲不分家"；我教学生读书时，也总是鼓励学生读书要做"杂家"，因为"文史哲不分家"。这句话不只是挂在嘴边的，我也确确实实付诸行动了。回过头来看，这些年我看的书很杂，知识面也不窄，使用时，特别是教高中语文时，知识储备还确实要"杂"，所谓"给学生一碗水，老师自己必须储备一桶水"。不然照本宣科、就事论事，课堂上不能阐述开去，不能天文地理、历史、哲学、政治打通来讲，学生们是不爱听的。

众所周知，古代文学跟哲学本是相通的，比如孔子和老子，既是中华儒道文化的始祖，又是影响中国几千年思想的哲学大师。他们本是研究哲学的，但是没有文化功底，既不能参透哲学，也不能很好地加以表达。所以圣人的哲学作品自然而然也是文学作品。后来文人的诗词文章，如果空有文饰而无内涵，也不能流传至今；如果没有哲学修养，文人的思想境界上不去，所做的文章自然是陈腐不堪。至于历史，无论中外文学都推崇古人的思想言论，一是以史为鉴，二是自表谦虚，三是增加文章的宽度和广度。如果文人不读史，则无从征引。

"哲学"这个词汇是后来才从印度引进的。中国古人说文史，其中已经包括了哲学，只是当时是叫儒家、道家、法家、墨家之类。所以，不光是文史两者不分家，应该是文史哲三者都不分家。要想成为一位文化和学术的大师，必须文学、历史学、哲学三者都通晓。

在科学领域，我们习惯于以"科学"与"技术"来划分；在人文领域，则习惯于以"文史哲"三部总揽之；在总的学术层面上，常以人文学科（或社会科学）与自然科学为双方冠名。

中国几千年的文化学术有一个很好的传统，那就是文史不分家。文学和历史学是分不开的，文学中有历史学，历史学中也有文学。所以，搞文学的要懂历史学，搞历史学的也要懂文学。中国历代优秀史学作品和文学作品都是二位一体的。

文学、历史学、哲学，是中国传统文科的三大学科。至于政治学、管理学、经济学、新闻学、法学、社会学、人类学、民族学之类，都是近代从西方引进的学科体系。

文史哲通晓，指的是一个人的文采、才华、想象力、情怀，与文史知识、学养、功底、治学态度，以及思想、见地、智慧、立场都要具备，即古人说的"才学识兼备"。清朝桐城派写文章提倡"义理、考据、辞章相结合"，说的也是这个道理。现代教育提倡培养"通才"，就是想中小学教育甚至大学教育都不要分科太早，大学院系之间不要壁垒森严，读书人不要浮躁世故、急功近利，要静心读书，读点杂书，天文、地理、科学、技术均可涉猎。

我教这么多年的语文，尤其是教文言文时，最能体会"文史哲不分家"的妙处。比如讲解《鸿门宴》一文时，除了疏通文字、讲解文章一波三折的文学手法，必须给学生讲清楚秦朝历史和"楚汉纷争"，还要隆重介绍鲁迅先生高度评价"史记"的两句话——"史家之绝唱，无韵之离骚"。再如讲到《逍遥游》时，一定要介绍中国古代的哲学，讲解"老庄"的道家学说。对中国古代文学的学习，需要史哲来做注脚补充。

远离文学的哲学与历史是枯燥无味的，远离哲学的文学与历史是浅薄无知的，远离历史的文学与哲学则是无血无肉的。文史哲的结合，正在于把感性的文采、理性的深刻同史料的翔实结合起来。打破文史哲界限的"通学"之学，才是真正的大学之学。

厚与薄

——谈读书的两个阶段

还在我读高中的时候，老师就告诉我们读书有两个阶段：先把厚厚的一本书读完，记得滚瓜烂熟，最后在脑海中就只剩一个框架、一个目录，这就完成了读书的第一阶段——由厚到薄；之后经常复习，只要看着目录，或者根据记忆中的目录，就能说出每一章、每一节甚至是每一个知识点大致在书中哪一页，可以把一本书基本复述出来，这就完成了读书的第二阶段——由薄到厚。

根据老师教的这套方法，我和几个同学把《中国历史》《世界历史》、初中的地理、高中的地理读了好几遍，并经常互相检查。有时躺在床上，掩卷沉思，根据脑海中记忆的课本目录，能把一本书基本复述完。在我自己做了教师之后，又把这一读书方法介绍给我的学生。

后来我才知道，这种读书方法著名数学家华罗庚早就提倡了。他说："一本书，当未读之前，你感到就是那么厚；在读的过程中，如果你对各章节又做深入地探讨，在每页上添加注解，补充参考材料，那就会觉得更厚了。但是，当我们对书的内容真正有了透彻地了解，抓住了全书的要点，掌握了全书的精神实质后，就会感到书本变薄了。愈是懂得透彻，就愈有薄的感觉。这是每个科学家都要经历的过程。这样，并不是学的知识变少了，而是把知识消化了。"

我认为对"厚薄"读书的理解还应该有更进一步的认识。

把厚书读"薄"，首先要知道每个知识单元分成几章，一章分几节，学习几个概念、几个规律，解决什么问题；其次要注意书的目录，注意书的基本内容和脉络，掌握了目录，就掌握了知识的大概，知道了知识的主要内容和内在联系，了解了知识的概要；厘清脉络后，再从书本知识中跳出来，从高处回看知识的整体，理清知识间的逻辑关系，提出知识的脉络，列出知识的结构提纲，使知识条理化。这个阶段更主要的一个方面是要勤于思考。有思考，理解才能深入下去，所谓"俯而读，仰而思"就是这种思考过程的写照。站在书的立场上，设想一下作者是怎么想的，他为什么这样说，要表达怎样的思想，从而把握书的思路，概括整个章节、整本书的中心精髓。就像鲁迅的小说《狂人日记》里的"狂人"读"程朱理学""四书五经"后，他概括的满纸只写了"吃人"两个字。

同样，对薄书读"厚"的理解固然有根据列出的简要提纲，还原、复述原书本的章节、知识点的过程，更主要的是要培养联想的方法，举一反三。要特别注意联想中的反例，那往往是理解难点的关键，或者引向发现。可把类似内容加以比较，问其异同，把认识引向深入。有时候，书的观点和思路会与自己的认识和思路有距离、有矛盾，对书提出质疑会加深对知识的理解。疑是活跃思维、发展创造能力的有力手段；问是宝贵的读书学习状态。在细读过程中，联系到的内容越来越多，书就渐渐变"厚"了。

由薄到厚、由厚到薄，这看似是一个轮回，其实是一种螺旋式发展、不断提升的过程。

思维导图与"语文知识树"

英国学者托尼·巴赞在20世纪70年代初提出"思维导图"理念之后，在世界范围内被广泛应用，成为众多成功人士生活、学习、工作等各方面不可或缺的重要工具，并被誉为"21世纪全球性的思维工具"。在英国，思维导图被列为国民中小学必修课程。新加坡、韩国、日本等国的教育机构也对该课题进行了持续、深入地研究。在中国，思维导图最初仅在个别企业、社团进行团体会议、经验分享时使用，目前在学校教学中也开始受到重视。

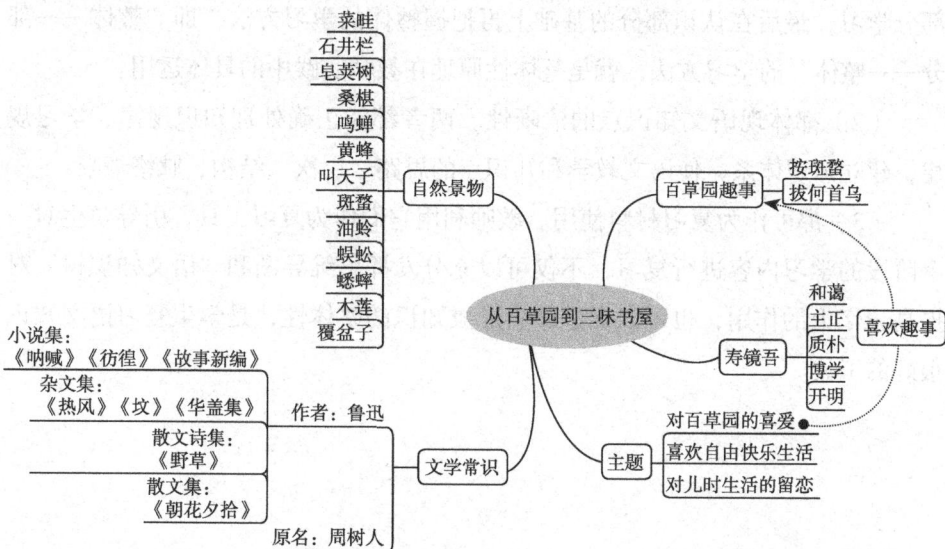

"思维导图"（*此图来源于网站截图*）

魏书生老师在20世纪70年代末有感于当时语文教育考题泛滥、教学缺乏序列的现状，提出了画"语文知识树"的教学方法。引导学生选择树式结构，画语文知识结构图，对中学语文基础知识"文言文知识""基础知识""阅读与写作"和"文学常识"共画出4部分22项131个知识点；引导学生掌握语文学科知识规律，掌握其中稳定的结构方式，学生掌握了这些规律，考试时就能以不变应万变。

在平时的教学当中，我们运用思维导图的有关内容，探究思维导图在语文教学中的许多作用，深感其对提高学习效果有一定的积极效果，且在提升个人思维能力、记忆力等方面的作用也符合《全日制义务教育语文课程标准（实验稿）》与《普通高中语文课程标准（实验）》中有关"发展思维能力，激发想象力和创造潜能"的提法。同时在教学中，师生可以按"语文知识树"的体系安排进度，让学生懂得每次学到的知识处于整体的什么位置、与邻近的知识点有何区别和联系，引导学生明确每节课学习目标的达成度，并把所学知识纳入"语文知识树"中去。

在具体的语文教学中，我们发现这两种教学理念、方法尽管有诸多的不同，但还是有些共同之处的。

（1）都体现出语文教学的整体性。首先从总体上了解知识结构，而后分部分学习，最后在认识部分的基础上再把握整体的学习方法，即"整体——部分——整体"的学习方法，就是整体性原理在教学实践中的具体运用。

（2）都体现语文知识点的清晰性。两者都能正确处理知识规律、学习规律，建立知识体系，使语文教学和知识点的思路、层次、结构、脉络清晰。

（3）都可作为复习材料使用。教师利用它们作为复习工具，引导学生对一个阶段的学习内容进行复习，不仅可以充分发挥思维导图和"语文知识树"对提高记忆力的作用，也可以促进学生形成知识的整体性，是学生复习语文知识很好的工具。

孝，"内圣"之道的一个方面

宋代宰相赵普说："半部论语治天下。"说明《论语》是一部治国良策，可以帮助统治者更好地治国理政。同时，《论语》还是一部修身宝典，是一部"内圣外王"之书。学习《论语》，内可以修身养性成圣贤，外可以治国安邦雄天下。换句话说，学习《论语》对个人而言，可以成为一个才华出众、品德高尚的君子；对社会而言，可以成为一个建立功名、成就事业的精英。只有自身先成为圣人，然后才能够称雄于外界，这就是"内圣"跟"外王"之间的逻辑关系。

儒家历来推崇"内圣外王"（内具圣人之德，外行仁政王道）之学，注重自我修养，强调内在心性的陶冶，注重内心的体察，颐养心性，认真学习前人的理论，静思品咀。这种"内圣"注重个人道德修养体现在很多方面，以下主要谈"孝"作为君子"内圣"一个重要方面，以及对个人修养方面的影响。

孟懿子问孝。子曰："无违。"樊迟御，子告之曰："孟孙问孝于我，我对曰'无违'。"樊迟曰："何谓也。"子曰："生，事之以礼；死，葬之以礼，祭之以礼。"

从这些文字我们可知，孔子极其重视孝，要求人们对自己的父母尽孝道，无论他们在世或去世，都应如此。但这里着重讲的是，尽孝时不应违背礼的规定，否则就不是真正的孝。可见，孝不是空泛的、随意的，必须受礼的规定，依礼而行就是孝。

孟武伯问孝。子曰："父母唯其疾之忧。"

这句话就是孔子对孟懿子之子问孝的答案。对于孔子所说的"父母唯其疾之忧"历来有三种解释：第一，父母爱自己的子女无微不至，唯恐其有疾病，子女能够体会到父母的这种心情，在日常生活中格外谨慎小心，这就是孝；第二，做子女的，只需父母在自己有病时担忧，但在其他方面就不必担忧了，表明父母的亲子之情；第三，子女只要为父母的疾病而担忧，其他方面不必过多地担忧。

子游问孝。子曰："今之孝者，是谓能养。至于犬马，皆能有养。不敬，何以别乎？"

这里我们可以看出，"敬"是孝道的精神本质。孔子认为孝敬父母要真心实意，单纯在物质上满足父母尚不足以为孝，更重要的是要"敬"，是父母得到人格的尊重和精神的慰藉。

子夏问孝。子曰："色难。有事，弟子服其劳；有酒食，先生馔，曾是以为孝乎？"

孔子提倡的孝体现在各个方面和各个层次，反映了宗法制度的需要，适应了当时社会的需要。一个共同的思想，不仅要从形式上按周礼的原则侍奉父母，而且要从内心深处真正地孝敬父母。

子曰："父母之年，不可不知也。一则以喜，一则以惧。"

当我们细细品读、理解这个句子的时候，心中是否会一震？父母一天天老了，自己真的有好好孝敬父母吗？真的不让父母操心了吗？很多人自认为已经长大了、独立了，可以自己照顾好自己了，可以摆脱父母的束缚，开创一片属于自己的小天地。但父母却依旧不放心，为什么呢？冷了自己不会添寒衣；出门忘带钥匙；玩游戏到半夜，作息时间无规律……这些小小的细节都没有做到，父母怎么放心？直到现在父母还在操心。或许你会认为父母是过于关心与保护，天天在你耳边唠叨，你会觉得很烦，但这又何尝不是父母深深的爱呢？

尤其是那些年轻的学生们。父母下班回家时，你可曾递上一杯热茶？父母劳累不堪时，你可曾为父母端来一盆热水，为他们洗脚？你可曾为父母分担一点点压力？你关注到了父母乌黑的头发已经渐渐变白，他们在渐渐老去，你是不是应该好好孝敬他们？"树欲静而风不止，子欲养而亲不待。"孝敬父母要趁早，我们只需从点点滴滴做起，少让他们操点心，多体贴父母的辛苦。

子曰："弟子入则孝，出则悌，谨而信，泛爱众而亲仁。行有余力，则以学文。"

孔子还把"孝"与"悌"结合起来，《论语》中多次以孝悌连用。又如，"其为人也孝悌，而好犯上者，鲜矣。不好犯上，而好作乱者，未之有也""孝悌也者，其为仁之本与"。（《论语·学而》）。悌，敬兄。而敬兄的实质是要求人们将家庭血亲中的等级推广到社会关系中去，所谓"出则悌"

就是这个意思，主要表现的是处理社会关系的准则。

一个人只有"孝"了，才有可能注重自己的品德思想修养，才有可能避免成为思想品德有问题的"次品、危险品"。"孝"的过程也是"内圣"过程的一个方面。《论语》中有关"孝"的言论，就是提高自我修养的方法之一，强调实践孝道与个人道德修养的一致性，强调孝的实践与内心的反省，要在实践中不断地参悟，不断地开阔心灵的领域。

《论语》常读常新。

课文足迹 篇

观荷意识流

时值三伏。虽然已经过了荷花绽放的盛期，但莲的心事我懂。荷塘里依然有荷花执着地等着我，我现在来，还算是如期而至吧。

我欣赏荷花，是欣赏她的全部；我喜欢荷花，是喜欢她的前世今生。荷的倩影、芳踪、神韵，早就被文人雅士捕捉、定格在古典里，镶嵌在美的宝库中了。有三篇写她的美文我最喜欢，分别是周敦颐的《爱莲说》、李渔的《芙蕖》、朱自清的《荷塘月色》。

洪湖公园里的荷塘，现在自然也是"弥望的是田田的叶子"了，放眼望去，"无穷碧"的莲叶虽没有"十里荷花""接天"的气势，但"有风既作飘摇之态，无风亦呈袅娜之姿"，多像夏日里从身旁飘然而过的衣裙女子呀，亭亭玉立的。

"红藕香残"时分，我总会想起"秋阴不散霜飞晚，留得残荷听雨声"。这样的诗句最先我以为是《红楼梦》里的黛玉写的，后来才知道是李商隐的佳句，想想还差点辜负了一个爱莲人的心意呢。

荷花的美，我还真不知如何去形容，脑海里只是不断地跳出人们赞美她的句子。那还不如我用相机拍摄她们的倩影，留住她们的精魂。我曾在张之先先生早年在巴登街开的"八仙楼"酒馆的墙壁上和影集里看过荷花的留影，也在罗芳中学的周红霞老师的博客里看过荷花的照片，我认为这两位拍摄的荷花极具神韵，他们是荷花的真正知音。

在深圳看荷花，最好去洪湖公园，或是仙湖。在全国看荷花，那地方就更多了。我知道的有河北的荷花淀（白洋淀）、湖北的洪湖、江西的广昌，这些都很有名。

我喜欢荷叶，喜欢看荷叶上跳动的水珠。周邦彦的"叶上初阳干宿雨，水面清圆，——风荷举"，寥寥几笔，就把雨打荷叶乱跳珠之后，荷叶、水珠的和谐之美勾勒出来。

　　小时候喜欢摘一大朵荷叶戴在头顶，有时遮阳，有时避雨。早先的电影《小兵张嘎》里就有这样的镜头，印象极深。

　　我还喜欢吃荷叶鸡，喜欢吃木桶荷叶饭，喜欢喝荷叶粥，它们无不散发出荷叶的清香，可口可人。

　　"最喜小儿无赖，溪头卧剥莲蓬。"辛弃疾的这句词让我想到莲蓬。现在正是莲蓬上市的时候，"岁宝"这段时间就有很多莲蓬卖，香甜可口，好吃！

　　莲心泡茶，虽然有点苦，但清火明目，我亦喜欢。

　　有段时间，我还想在自家的小院里栽种一点荷花，但这是怎样的一种妄想啊。

　　面湖而望，荷风送香！

江南极品有园林

因为叶圣陶先生一篇《苏州园林》的情结，我才有了江苏之行。这次苏州行看了很多园林，对我这个门外汉来说就像是刘姥姥进了大观园，现在想起它们来有时都会记混淆了，但这些园林都是江南极品、人间极品。在美国、加拿大、英国、法国、日本、新加坡等地都有仿照苏州园林修建的公园，如美国大都会博物馆仿照网师园殿春簃建造了苏式庭院——明轩、加拿大温哥华仿建了逸园、法国巴黎仿建了易园。可以说，苏州园林就像蒲公英一样散落到世界各处。

"江南园林甲天下，苏州园林甲江南。"在苏州，保存完好的园林有80多处，其中包括苏州四大名园在内的拙政园、留园、狮子林、网师园和沧浪亭、耦园以及艺圃7座园林被联合国教科文卫组织列入"世界文化遗产名录"。2012年我只到了留园。今年，我认真看了拙政园、狮子林和南京的瞻园；网师园因在维修，我只到门口；沧浪亭是由一个当地热心的老人傍晚散步时，顺便带我隔河观望了大门和围墙；晚上经过怡园门口，未进。

我虽然是外行，但也很想一探究竟，尤其是园林名称的由来。这些园林的主人有的是朝廷大臣，有的是富有的商人，有的是封疆大吏，有的是外放州县。他们或曾安邦济世，或曾蝇营狗苟。虽因种种原因卸任还乡或者不再经商，但大多都有很高的文化修养，熟读诗书，能诗善画，因此造园时多以画为本，以诗为题，在亭台楼阁之内、小桥流水之上、古树花木之旁、山花野鸟之间，以"咫尺山林""小中见大"的审美观念，"天人合一""顺应自然"，精心设计亭台楼阁，凿池堆山，栽花种树，达到"庭院深深深几许"的感觉和"虽居闹市而有山林之趣"的意境，在独立的小天地里实现自己出世隐逸、避世淡泊的人格理想。园林的取名就能体现这些。

拙政园的园名是据西晋潘岳的《闲居赋》中"此亦拙者之为政也"缩写而成。根据苏州市园林管理局提供的资料，王献臣于明代弘治六年（1493）中进士，后升为御史，但仕途不顺利，曾两次被东厂缉事诬陷，动过刑、下过狱，被贬为广东驿丞，后任永嘉知县，罢官后居家，心里的痛楚无法言表。他对文徵明讲："昔潘岳氏仕宦不达，故筑室种树，灌园鬻蔬，曰：'此亦拙者之为政也。'吾仅以一郡倘佯退林下，其为政殆有拙于岳者，园所以识也。"意思是说，我之所以要起"拙政园"这个名字，就是要像潘岳一样隐退于林泉之下，要像陶渊明一样守拙归田园，暗喻自己把浇园种菜作为自己（拙者）的"政"事，反映了王献臣当时那种既无可奈何，又想自我解嘲的复杂心态。

沧浪亭始为五代时吴越国广陵王钱元璙近戚中吴军节度使孙承祐的池馆。宋代著名诗人苏舜钦以四万贯钱买下废园，进行修筑，傍水造亭，因感于屈原"沧浪之水清兮，可以濯吾缨；沧浪之水浊兮，可以濯吾足"，题名"沧浪亭"，自号沧浪翁，并作《沧浪亭记》。欧阳修应邀作《沧浪亭》长诗，诗中以"清风明月本无价，可惜只卖四万钱"题咏此事。自此，沧浪亭名声大振。

网师园位于苏州药门附近的带城桥南阔家头巷，园址原为南宋吏部侍郎史正志于淳熙年间（1174—1189）所建之"万卷堂"旧址，亦称"渔隐"。清时由光禄寺少卿宋宗元于乾隆中叶（约1770）购其地筑园。因园毗邻王思巷，谐其间喻渔隐之义，称为"网师园"。

狮子林位于苏州市城区东北角的园林路23号，元至正二年（1342），天如禅师惟则为纪念其师中峰禅师建菩提正宗寺，其弟子"相率出资，买地结屋，以居其师"。因园内"林有竹万固，竹下多怪石，状如狻猊（狮子）者"，又因中峰禅师曾倡道天目山狮子岩，取佛书"狮子吼"之意，易名为狮子林。

耦园东部旧址原为清雍正年间保宁知府陆锦致仕后所筑"涉园"，又名"小郁林"。后为崇明祝氏别墅。光绪初年，湖州沈秉成（后任安徽巡抚、署两江总督）客居吴中，购得涉园废址，聘名画家顾芸等设计，营筑宅园。因宅之东西各有一园，又寓夫妇偕隐之意，故名"耦园"（耦通偶）。

留园是苏州的四大名园之一。因原主人姓刘，刘家花园的刘字与留字谐音，改名为"留园"。一说在新园主整理花园时，曾经发现了一块石碑，石碑上刻着一行大字——"长留天地间"，据说是刘伯温手迹。园主人想这座花园历经多次战乱，今天仍保留下来，一定是老天爷在保佑，这个"留"字一定起了作用。他想这个"留"字非常吉利，但愿这座花园永远地留在自己手里，所以将园子改名成"留园"。

南京夫子庙附近的瞻园为明代徐达府邸花园，清代为藩署。乾隆南巡时题名瞻园，取苏东坡"瞻望玉堂，如在天上"之意，含出尘脱俗的意蕴。太平天国时为东王府和夏官丞相衙署。

园林的名字由来不一而足，但都透露出深厚的文化意蕴，称苏州园林为"无声的诗、立体的画"真是恰如其分。

梅花岭上正气歌

记得很多年前，我教过一篇课文《梅花岭记》，文章说的是明末史可法等民族英雄在扬州梅花岭上忠贞报国、慷慨殉难的事迹。当时讲到史可法的节操、骨气，讲到梅花岭上的梅花如雪、冰清玉洁、芳香不染，自己是如何的慷慨激昂，如何富有感染力，至今还记得。

为什么以"梅花岭记"做题目？作者除了记叙史可法殉国的史实，还要借凭吊梅花岭上的史可法墓来抒发自己的感慨，否定了画蛇添足的"神仙之说"，赞扬史可法精神永驻，表达自己对史可法的崇敬。更主要的是以梅花的冰清玉洁、傲霜怒雪的性格象征史可法的高尚品德，取梅花"傲霜怒放，冰清玉洁，芳香不染"的象征意义，赞颂史可法等民族英雄和明末爱国人民的民族气节。

据说乾隆南巡时，曾到史可法墓前悼念，并谥以"忠正"，又赐匾额"褒慰忠魂"，同时又将降清的洪承畴、钱谦益等列入"贰臣传"。可见，一个人只要行动端方、忠烈正派，不仅能取得庶民的敬佩和爱戴，也不会失掉对手的礼遇和尊敬。

梅花岭上松涛阵阵，这里成了民族气节的象征和爱国志士心中的圣地。虽然只是史可法的衣冠冢，但我对英雄的景仰丝毫未减。"数点梅花亡国泪，二分明月故臣心。"梅花岭正气足千秋！

附：

一、"忠烈遗言"

据《小腆纪年附考》记载，扬州被围后，史可法作书辞家人，呼史德威诀曰："我无子，汝为我嗣，以奉吾母。我不负国，法无负我。我死，当葬我于高皇帝（明太祖朱元璋）侧，其或不能，梅花岭可也。"

二、史公祠布局

（1）飨堂前门厅楠木匾横书"史可法纪念馆"六个镏金大字，为朱德所书。

（2）飨堂廊柱有一副楹联，词曰："时局类残棋，杨柳城边悬落日；衣冠复古处，梅花冷艳伴孤忠。"为浙东人朱武章所撰，词义凄凉而慷慨。

（3）飨堂中心有史可法的塑像，两边有一篆书对联："生有自来文信国，死而后已武乡侯。"丹徒严保庸太史撰，仪征吴熙载书。文信国即文天祥，文曾封信国公。据《明史·史可法传》记载，史母"梦文天祥入其舍，生可法"。武乡侯乃诸葛亮封爵，诸葛亮"鞠躬尽瘁，死而后已"的事迹更是众人皆知。这副对联用"梦文信国而生，慕武乡侯而死"来概括史可法的一生，再正确不过了。并且，此联对仗工整，所以被称为"旷古绝伦"之作。据说文章名家梁章钜拜史公祠，欲为之撰联，见此联后遂为之搁笔。

（4）塑像两旁还有一联，为郭沫若所撰："骑鹤楼头，难忘十日；梅花岭畔，共仰千秋。"

（5）祠为三楹，旁边一楹高出两厢约三尺，堂中间供着史公的神位和肖像，左右悬着何绍基撰的对联："公去社已屋，我来正梅花。"据《扬州览胜录》，本来东西两楹还供有与史可法同时殉国的文武将士牌位，今已无存。堂内东壁上挂着史可法的生平年表，西壁则恭抄着全祖望的《梅花岭记》全文。堂内的橱中则摆设着《史可法集》《小典纪年》《扬州旬日记》等文献，以及蔡廷锴、赵朴初等人的词、联。其中，赵朴初题的是一首七绝："江左文恬与武嬉，当年急难几男儿？朋争族怨今陈迹，独耀民魂史督师。"感叹颇为深厚。祠堂内供奉的两幅史公手迹，尤为惹人注视。其一是拓片："自学古贤修静节，惟应野鹤识高情。"另一是手书："润雪压多松偃蹇，崖泉滴久石玲珑巧。"此为史公在崇祯十四年（1641）题镇江焦山大明寺画志之亲笔，极为难得。两幅手迹，一似节士，刚劲浑朴；一似文士，洒脱飘逸，正好代表了这位进士出身的兵部尚书的表面和内心。

祠堂外面八扇镂花大门两旁，悬着转运使姚煜的长联。廊柱上则是张尔荩的名联："数点梅花亡国泪，二分明月故臣心。"

（6）梅花岭下有一阁，曰晴雪轩。轩前的楹柱上挂着史可法自撰的联句："斗酒纵观廿一史，炉香静对十三经。"堂内正中墙壁上嵌着史可法手迹的三块石刻，上面一块是弘光元年守扬州时写给母亲、岳母、妻子的遗书，下面一块则是有名的《复多尔衮书》。正由于此轩存有史可法遗墨，所以又称遗墨厅。轩东有一碑碣，刻有程仪洛的《重修梅花岭明史阁部督师墓祠记》，轩西的松林中有一尊铁膛炮，曰"大将军"，据说是史可法当年守城所用。

（7）飨堂后面即衣冠冢。墓前有一砖石牌坊，上书"史忠正公墓"五个隶书。坊柱下有一对膀大腰圆的石狮，据说是宋代遗物。冢为封土墓，约两丈见方，墓台四处长满茂密的莴草，四季常青，人们谓之"忠臣草"。墓台前面植松柏，后面植红梅，意蕴坚贞与泣血，有时局艰辛与英武不屈之意，墓台前两棵银杏树之间有一碑，题为"明督师兵部尚书兼东阁大学士史可法之墓"。东月门外的梅花仙馆即当年梅花书院的遗迹，所以又称读书楼，现为碑林，墙上嵌有古今名人咏歌史可法的多块碑刻。最值得观赏的倒不是那些咏叹臣节的古风律绝，而是今人题的九字赞语："史可法，事可法，人可法。"汇史鉴、人品、姓名为一体，语意双关又言辞恳切，内涵则深沉而隽永。仙馆两边的廊柱上悬一联，为清代名诗人王士祯所撰，曰："竹覆春前雪，梅寒劫外香。"亦是语意双关。园内遍植冬梅，梅丛中有一块高大的太湖石，空中而多窍，玲珑剔透，据说是宋徽宗时"花石纲"的遗物。

三、梅花岭位置

梅花岭的位置历来有三种说法。一种说法是在扬州城北的护城河边，当时并无岭，而是一片农田。明代万历年间，扬州太守吴秀睿疏浚护城河，将挖出的淤泥堆积于此构成小丘，旧名土山，而后人们在土山上广种梅树，于是得名梅花岭。

另一种说法是古代扬州北门外有一个梅花岭，但确切地址已无从考证。清初，人们在重宁寺旁小丘种梅，遂以古代梅花岭之名称之，以此得名梅花岭。

第三种说法是史可法归葬时并无此岭，是寺庙僧人在邻近土丘上筑亭种梅，世人称为梅花岭。

现在形容扬州风物以及史可法忠烈祠的一些历史游览书籍说到梅花岭起源时皆采取第一种说法，刻意躲避或隐去第二、三两种说法。究其起因，我想这可能与全祖望的《梅花岭记》有关。在《梅花岭记》中，记录史可法给养子史德威的遗言中就有"我死，当葬梅花岭上"。

杭州：寻仙雷峰塔

一直对杭州情有独钟，既因为白娘子和许仙那段痴情蛇妖、平凡书生超越时空的爱恋以及凄美浪漫的爱情，也因为鲁迅的《论雷峰塔的倒掉》。尽管是第四次来杭州，但还是放不下他们，往日经典重温了多少遍，而我却百看不厌！

这是我第一次来雷峰塔，边上塔边心里哼着《新白娘子传奇》里脍炙人口的旋律。拾级而上，坐观光电梯直上塔顶，凭栏远眺，整个西湖尽收眼底。北山的保俶塔隔湖相望，左侧是苏堤，湖中三个小岛分别是三潭印月、阮公墩和小瀛洲，右侧是美丽的杭州城和柳浪闻莺公园，塔下面就是著名的西子国宾馆。

往事越千年。蒙蒙的细雨，淡淡的青烟，美丽的西湖水笼罩上了神秘而又惹人遐思的面纱。白娘子、青蛇、许仙和法海之间的恩恩怨怨，老百姓同情白娘子也好，痛恨法海多管闲事也罢，毕竟千年已逝，恩怨情仇谁人能评说？

但我依然牵挂白娘子。想她那一世，千年修为只为寻得许仙，本想在杭州西子湖畔伉俪相得、琴瑟和鸣，可怎想等来的是伴着西湖悠悠清波的千载寂寞岁月。

但雷峰塔只能囚住白娘子，又岂能囚住真爱？我想，若能再续千年姻缘，那么谁会是今世许仙？

那些让人一看就激动不已的古地名

国庆假期到西北，沿途看到、听到的许多地名是那么的熟悉，青海、甘州、肃州、陇头、陇西、嘉峪关、玉门关、阳关、轮台、楼兰……一路上，它们一个一个从我读过的唐诗宋词中走来，又带我走进一首首古诗词之中。

出 塞

（王之涣）

黄河远上白云间，一片孤城万仞山。

羌笛何须怨杨柳，春风不度玉门关。

汹涌澎湃的黄河、广漠壮阔的边塞、险要孤危的凉州戍边堡垒和偏僻艰苦、春风不度的玉门关，无不勾起人们的离愁。天寒地冻，征战无期，归家无望，万般愁绪又一起涌上心头。然而，"怨"也罢，愁也罢，一切都是枉然。

边塞诗是古代诗歌中的一种重要题材。在边塞诗中，总是不可避免地提及一些边塞地名。

从军行

（王昌龄）

青海长云暗雪山，孤城遥望玉门关。

黄沙百战穿金甲，不破楼兰终不还。

祁连雪山山巅终年积雪，如云挂天际；青海湖畔，唐朝大将哥舒翰筑城戍守；敦煌古城、玉门雄关，遥遥相望；黄沙莽莽，不消灭犯边的楼兰（汉时古国名，即鄯善国，在今新疆鄯善县）誓不还家。

在通常情况下，古人写诗甄选边塞地名不仅会出于对实际边患的考虑，真实地透露某一个具体时代的实际边患，更多是出于诗歌艺术上押韵、用典、对仗等考虑。因此在一些边塞诗中，这些地名仅仅充当着一种边塞符号的功能，成为人们想象中的边塞代名词，蕴含一定的文化内涵和情感色彩以及深层的历史情绪，即通常所说的意象，如边塞风光、奋勇杀敌、誓死卫国、征人愁怨、思乡思亲等。所以，古诗词中的边塞地名里，除了反映出与朝代疆域沿革关系外，还多多少少透露出昂扬和进取、悲壮和沉重、萧条和凄清、孤独和迷茫等复杂的情感。

这些情感有时可能和特定的境遇和特定的心情在某一刹那交集或吻合，如年少时光的豪情壮志、求助功名时的积极有为、仕途失意的黯然神伤，一旦遇上塞外的奇特地域、迥异风光，黄沙、孤城、衰草、胡尘、羌笛、边月，种种新的生活经验与不同的视野，一定会刺激思想的灵感，引起强烈的共鸣。在历史文化以及文学传统的影响下，这些地名出现了文化符号化的倾向，原有的空间指示意义变得模糊，取而代之的是对抽象文化的代指。这些情感体验，高适、岑参、王昌龄、王之涣、李颀、王翰等感受最深、最多。

"无地不成诗。"中国古代确实有很多边塞地名频繁地出现在诗句中，例如"轮台"这个地名，唐代诗人岑参《白雪歌送武判官归京》中有这样一句："轮台东门送君去，去时雪满天山路。"曹唐的《送康祭酒赴轮台》中说："灞水桥边酒一杯，送君千里赴轮台。"表面上看轮台不过是个地名，实际上却有深意可究。

轮台本是西汉时期西域地区的一个小国，临近出产汗血宝马的大宛，于汉武帝太初三年被汉将李广利攻灭。"轮台"因此成为"兴兵边关"的指代。边塞诗中出现的轮台有可能是轮台地名（唐代在西域设有轮台都督府），也有可能泛指的是军事行动，如"文吏何曾重刀笔，将军犹自舞轮台"（李商隐《汉南书事》）。

随着时代的变迁，轮台从一开始的地名渐而代指征战，后又表闺怨，体现辗转流离、漂泊异乡的愁思，甚至成了词牌名。

又如"楼兰"。楼兰这个地名曾经出现在很多边塞诗里，诸如"挥刃斩楼兰""辞君一夜取楼兰""不斩楼兰心不平""直斩楼兰报国恩"，不胜枚举。楼兰古国大约在现在的新疆罗布泊内，地理位置四通八达，是丝绸之路的要冲。东汉张骞出使西域时，楼兰还是丝绸之路重镇，政治上经常在汉和匈奴之间摇摆不定。武帝遣从票侯赵破奴率数万大军破楼兰国，生擒楼兰王。这就是为什么每次诗中提到楼兰总是"破"它的原因。彼时的楼兰，只是神秘莫测的西域古国；如今的楼兰，随着历史湮灭在尘埃中，只剩下诗歌里用楼兰来代替西域的那些年。

再如看到玉门关，我马上想起的是"春风不度玉门关"。古时从西域输入的产品最多的就是玉石，经由玉门关进入汉朝境内。所以这道关自然就成了玉门关。从玉门关到楼兰古城，汉朝时设有驿站，保护丝绸之路的通畅。汉朝时的玉门关是汉武帝开河西四郡时最西边的关卡，出了玉门关就再不是大汉的天下。因此，玉门关代指荒寒、边远，也就有了乡思、乡愁的意象了。

古诗词中的地名是作品的地理背景，除了起空间指示的作用外，在自然环境、文化意义的共同作用下对古往今来实现了"黏合"，带来的是地名文化内涵的固定和情感化的色彩。

文明的回响

　　鸣沙山，我来了！月牙泉，我来了！莫高窟，我来了！

　　是什么原因驱使我一直想来？我问过自己很多次。是因为鸣沙呜呜作响的奇特自然现象，还是为了解除"月牙泉明日是否会消失"的焦虑和遗憾？或者说是为了一睹历经千年岁月的敦煌壁画的沧桑？隐隐约约，感觉还有一种吸引，也许就是余秋雨的《文化苦旅》中说的"道士塔"和"敦煌"吧。

　　此趟来敦煌历经许多曲折。从兰州整装待发，取道西宁，朝拜塔尔寺，绕道青海湖，翻越祁连山，途经七彩张掖，过嘉峪关，才抵达古代"丝绸之路"上的名城重镇——敦煌。

　　这里有大漠戈壁的一对孪生姐妹——鸣沙山和月牙泉，"山以灵而故鸣，水以神而益秀""鸣沙山怡性，月牙泉洗心"；这里有举世瞩目的"敦煌文化"，漫长的中西文化交流历史，荟萃出人类灿烂的文化瑰宝。

　　最吸引我的还是莫高窟。1650年前，一个叫乐尊的僧人来到了这里。眼前三危山状若千佛的金光使他坚信这是佛的启示，于是他留在了这里，开凿洞窟。莫高窟千年营造的序幕就此拉开。我怀着无比虔诚的心情观看莫高窟九层楼大佛等十几个洞窟，谛听着穿越千年的莫高窟的艺术密码。

　　一千多年的斗转星移、众生平等的虔诚信仰、向善而为的蓬勃不止、孜孜以求的生命真义……在莫高窟以人间大美的形式凿发于灵岩仞壁之上，将人类不息的精神诗篇缓慢呈现……

　　在存世未毁的石窟中，栩栩如生的塑像、或斑驳或鲜艳的壁画，真实地记录了千年古代艺术的雄浑瑰丽，见证了中华传统文化的生生不息，叙述着因丝绸之路而交汇的多元文明。这要感谢慈悲的高僧教团、坚韧的商队旅人、勇武的兵卒将佐、世代的簪缨豪族，众生一心，众生营造，于黄沙陡崖间，神工意匠，造此福田。

　　在千年文明的回响中，莫高窟呈现了吹拂西域的大唐雄风，鸣响着沟通中外的丝路驼铃。同时，它也遭受过列强劫难的痛楚，独自走过数百年的沉寂。这要痛恨那个莫高窟的历史罪人，那个无知的道士王圆箓。余秋雨在《文化苦旅》中感叹："几经周折，不幸由他当了莫高窟的家，把持着中国古代最灿烂的文化。他从外国冒险家手里接过极少的钱财，让他们把难以计数的敦煌文物一箱箱运走。今天，敦煌研究院的专家们只得一次次屈辱地从外国博物馆买取敦煌文献的微缩胶卷，叹息一声，走到放大机前。"

今天面对千年莫高窟，人们常常责怪他、怒骂他，但"王道士只是这出悲剧中错步上前的小丑""他太卑微、太渺小、太愚昧"。一切愤怒都于事无补，如何让饱经沧桑、历经千年岁月的敦煌壁画，在经受自然蜕变和人为破坏后，还能顽强地穿越时空，为世界保留一座宏大精美的艺术殿堂，才是我们应当思考的。

几十年来，几代敦煌文物保护专家薪火相传，肩负神圣使命，克服种种困难，陆续开展了一系列保护工作，包括清理洞窟中积沙、抢修壁画、扶正彩塑、加固崖体、治理风沙、探索壁画损毁的科学规律、用科技手段诠释壁画技法和病害特征、研究各类病害的精细化修复工艺、采用数字技术永久保存敦煌石窟文物信息、制订游客参观科学管理制度、实施预防性保护等，为敦煌石窟的保护做出了卓越贡献。

敦煌是人类的敦煌，敦煌文化是全人类的共同瑰宝，有强大的精神力量和根植于人性的光明。动荡令人们珍视和平，冲突令人们呼唤和谐，对立令人们寻找包容，狭隘令人们修行开明。在历史中革新，因共生而开放，这正是莫高窟非凡的精神魅力所结成的文明善果。纵观敦煌莫高窟的历史，在1650年里，始终以天高地阔般的广大承载芸芸众生对于和谐共生的美好向往。自敦煌发现以来，一直吸引着无数艺术家前往朝圣。他们不畏路途遥远，来到满是断壁残垣的莫高窟。面对满目疮痍，艺术家们急切地想记录、保护、学习和研究这些珍贵的壁画。于是他们毅然拿起画笔，在艰苦寂寞之中流连于黑暗的洞窟内，揣摩着千年壁画的每一道笔触，精心临摹，希望在画中留下这珍贵的神韵。通过一张张壁画的临摹品、一个又一个的展览，莫高窟艺术走出敦煌，使曾经繁盛千年又沉寂数百年的敦煌壁画被更多的人认识和了解。时至今日，莫高窟依然感召着一代代的艺术家、学者、文物保护专家们，他们为莫高窟的保护与传承无悔奉献。1650年间的历史沧桑变化，铭记峥嵘岁月里营造莫高窟的匠心人意，记录保护莫高窟的艰辛与进步，展示敦煌学研究中理性与情怀，使敦煌莫高窟艺术的光华永续！

今天，我也成为莫高窟1650年的见证者和思考者，尽管不能成为她的守护者和传承者，但我还是认为，全世界敦煌学的收藏者和研究者都跨越国界、摒弃陈见、资源共享、共同保护，研究好这座人类的艺术宝库。

敦煌艺术展览上说："滴水汇泉，恒成莫高百窟；息诸苦恼，终臻庄严之境。"信仰，化人间悲苦为醍醐甘露，导万象无常而迷途知返。

西北风物志

梁衡曾说："在清代以前，古人写西北的诗词最常见的句子是大漠孤烟、平沙无垠、白骨在野、春风不度等。左宗棠和他的湘军改写了西北风物志，也改写了西北文学史。三千里大道，数百万棵左公柳及陌上桑、沙中湖、江南景的出现为西北灰黄的天际抹上一笔重重的新绿，也给沉闷枯寂的西北诗坛带来了生机。自左宗棠之后，在文学作品中，春风终于度过了玉门关。"

一、兰州：自是人间小洞天

这次西北之行，首站我选在兰州。还在兰州上空时，我就见舷窗外的山脉重重叠叠，直逼苍穹。原以为这里草木皆无的，不想山重叠翠。进到城来，踏上兰州黄河大桥这万里黄河第一桥。正值黄河汛期，但见河水汹涌，只是无法坐那羊皮筏子。黄河两岸，杨柳依依，无异于江南。行走间，感觉灵性无比，不得不惊叹："共夸城外新兰若，自是人间小洞天。"岸边"黄河母亲"的雕塑吸引了无数游人前来观看，现已经成为兰州的标志性雕塑，代表着兰州的形象。沿岸行走，看"水车大观园"，见"两岸芦花犹簇簇，千年车水尚潺潺"。兰州，是黄河给这里带来了生命的慰藉。

到兰州一定要参观甘肃省博物馆，这里有16件（组）国宝级文物不能错过。首推"铜奔马"，也叫"马踏飞燕"，这件宝贝造型矫健精美，作昂首嘶鸣、疾足奔驰状。塑造者摄取了奔马三足腾空、一足超越飞鸟的刹那瞬间。其他还有永乐款鎏金菩萨坐像、复道三角纹圜底彩陶罐、彩绘木博戏俑、绢底平绣人像等。

到兰州，一定要吃地道的"兰州拉面"。不一定要到有名的百年老店、网红店吃，毕竟技术含量不高，只要地道的食材即可。兰州牛肉面是兰州的风味小吃，它既有"汤镜者清、肉烂者香、面细者精"的独特风味，也有"一清、二白、三红、四绿、五黄"的统一标准，赢得了国内乃至全世界顾客的好评，并被中国烹饪协会评为三大中式快餐之一，得到"中华第一面"的美誉。面是兰州最具特色的大众化经济小吃。

二、祁连巍巍：浴血苦战西路军

从青海湖往西，过茶卡盐湖，是海拔4000米的祁连山脉。在大冬树山垭口，海拔4120米，这里气温低，有积雪，雪景漂亮。晚上10点，我们暂住在"东方小瑞士"之称的祁连县城。再晚我也闲逛了一下祁连县。这里只有两条主街道（人民路和八宝西路），两条路的路边分别有当地的特色餐馆及路边摆摊烧烤，可以自由选择。人群较多的是瑞士印象街，号称"天上的街市"，陈列了祁连玉、民族服装、旅游纪念品、炕锅羊肉、胡辣羊蹄、系列烧烤等具有地方特色的民俗风情物品和美食，最有纪念价值的是用祁连玉制作的"夜光杯"。

这不禁让人想起了唐代诗人王翰的"葡萄美酒夜光杯，欲饮琵琶马上催。醉卧沙场君莫笑，古来征战几人回"，诗以杯出名，杯因诗增辉。祁连山终年白雪皑皑，高远神秘。制作夜光杯的祁连玉就来自海拔三、四千米以上的祁连山上，玉呈墨绿色，制成杯盏，质地光洁，色泽斑斓，宛如翡翠，倒入美酒后，酒色晶莹澄碧。尤其皓月映射，清澈的玉液透过薄如蛋壳的杯壁熠熠发光，即使在炎炎夏日也让人顿生冰凉之感。因夜光杯的产量很有限，珍贵自不必多说，王瀚的这首诗一语道破天机。所谓红粉配佳人、宝剑赠英雄，葡萄美酒当然要用夜光杯来品尝了！

寒风凄凄，白雪茫茫。我们一路穿行在巍巍祁连山间，想到最多的还是红军的西路军，英勇悲壮的西路军。当年红军西征，祁连山里渺无人烟，冰谷雪岭，气温低寒，不少红军在此失去了宝贵的生命。面对弹尽粮绝、人员锐减和战事不利的重重困难，西路军被迫进入了亘古以来荒无人烟的祁连山腹地，开始了人类历史上罕有的艰苦穿行。几天后我再回兰州，在八路军驻兰州办事处观看了一个纪念馆和一个西路军历史图片展，心情低落、惆怅，久久不能平静。

展览上写道，踏上西路的红军战士开始有2万多人，血洒西征路的有7000人，其中军师以上干部20多人、团以上干部140多人，被俘后遭虐杀、活埋5000多人，打散后被迫流落他乡的4000多人，最后回到延安的只有4700人。西路军征战河西走廊历时半年之久，大小80余场之多的浴血苦战，战事惨烈，他们以自己的鲜血和生命写下了中国革命史上可歌可泣的壮丽篇章。伟哉，西路军，其英名不朽！壮哉，西路军，和天地共存！

三、敦煌：西出阳关有故事

到嘉峪关、敦煌之前的一站是张掖。张掖，取"张国臂掖，以通西域"而得名，是古丝绸之路上一颗璀璨的明珠，素有"金张掖"之称。这里有西域特有的丹霞地貌奇观，主要由红色砾石、砂岩和泥岩组成。数以千计的悬崖、山峦呈现出鲜艳的丹红色和红褐色，特别是在阳光的照耀下，各处造型奇特的山地丘陵色彩斑斓、气势磅礴，置身其中，美得使人晕眩。据说这里是人生必去的50个地方之一，也是我特别想看的景致。

之后我们便驱车去了河西四郡之一的嘉峪关市，也就快到通常所说的西域了。西域为汉代以来玉门关、阳关以西地区的总称。唐代诗人王维在《送元二使安西》诗中有"劝君更饮一杯酒，西出阳关无故人"句，这容易让人联想到西域是人迹罕至的荒芜之地。其实在这片区域，历史上先后有过数十个国家，这些国家不仅有灿烂的文明，而且不少还和中原王朝有过交往，让人感到"西出阳关有故事"。

沿着古老的丝绸之路往西，有雄伟壮丽的长城、遍地的文物遗迹。我们登上嘉峪关长城，但见南为祁连山，雪峰绵亘千里；北为龙首山、马鬃山，与祁连山对峙，雄居河西，是明代万里长城的西端起点，是明代长城沿线建造规模最为壮观、保存最为完好的一座古代军事城堡。此处地势天成，攻防兼备，与附近的长城、城台、城壕、烽燧等设施构成了严密的军事防御体系，被誉为"天下第一雄关"。

在玉门，这里还有铁人王进喜的纪念馆，有王进喜的故事。

酒泉是茫茫戈壁上一颗璀璨的明珠，无尽的文化积淀和无边的自然美景汇聚于此。

武威亦称凉州，地处甘肃省河西走廊东端。陆游诗云："当年万里觅封侯，匹马戍凉州。"还有《凉州词》中的"黄河远上白云间，一片孤城万仞山。羌笛何须怨杨柳，春风不度玉门关。"

安西在河西走廊的西段，非常的苍凉壮美。安西这个名字很古老了，也许"送元二使安西"的安西都护府就是这里。

这里还有敦煌的故事，有敦煌学，看《丝路花雨》"复活"了沉默千年的敦煌，也开启了一条传播中华文化"远渡海外"、走向世界的道路。看《又见敦煌》《敦煌盛典》穿越1000多年的藏经洞、2000多年的莫高窟、7000多公里的丝绸之路和浩瀚无垠的敦煌学，了解楼兰王国、于阗古国的故事，知道和田美玉、丝绸之路的传说。

阳关之外，玉门关之外，沧海桑田。西域的历史也是中华历史的一部分，来到这里，仿佛心灵和历史之间有了零距离的对话。

四、丝绸之路：舌尖上的美食

古丝绸之路驼铃声声，是一条横亘欧亚大陆的文化交通之路，也是一条传播友谊之路，还是一条令人神往的美食之路。

在兰州，我吃过两餐正宗的牛肉拉面，都是"谢赫清真牛肉面"。初进面馆，服务员问我什么牛肉面要什么宽度，我茫然不知，待他解释后才要了一碗二细，却发现没有什么牛肉，服务员说要另外点一碟几两的切牛肉。原来兰州的牛肉面是这么回事。装模作样验收完牛肉面的"一清、二白、三红、四绿、五黄"之后，就假装品吃汤头，这家的汤头还算清澈，蛮香的，配红油辣子香辣可口。

最后一天中午，我在兰州换了个吃法，打的到西北师范大学的学生食堂里专吃面食，请大学生帮我刷卡，我再转微信付账。吃了一碗纯面筋、一碗汉中米皮、一碗羊肉泡馍，撑得饱饱的，才20多元。

晚上，我到正宁夜市和南关民族风味一条街边逛边吃，烤羊肉、羊杂碎、羊蹄、牛奶鸡蛋醪糟，吃得我不亦乐乎。最后坐下叫了一小盘羊大骨，买了瓶"古河州"酒，自斟自饮，半醉不醉的。

在张掖，导游一路炫耀，一路吹嘘，张掖的搓鱼面、糍耳子、羊肉粉皮面筋、煎血肠、羊头汤、手抓羊肉、清汤羊肉、腊羊肉。张掖市民主东街的甘州小吃一条街上，可以品尝到当地的各种美味小吃。小吃街一般从清晨六时开张到翌日凌晨三、四点收摊，整个街道两边是一字排开的小吃摊，花样繁多，价格低廉。在小吃街两端还有拔地而起的仿古牌楼，古朴别致，再现昔日张掖的风貌。当地素有"无酒不成礼"之俗。巍巍祁连，绵绵雪水，茫茫湿地，孕育了灿烂的古甘州文明，成就了白酒得天独厚的自然条件。"抬头不望祁连雪，错把甘州当江南。"张掖是西部著名的粮仓，在工业污染成患的今天，这里依然保持着湛蓝的天、洁白的云、葳蕤的草原、甘甜的雪水、清新的空气。在这片天赐沃土上生产的高粱、玉米、青稞、小麦、大麦、豌豆、大米是酿酒的优质原料，也是天然、绿色、有机、无污染的代名词，这里的烧酒品牌有"金张掖""七粮液""甘州大曲"等。

到酒泉时，我们只做短暂停留。在一风情街，我们品尝了瓜州甜瓜和瓜干、葡萄干、李广杏等。

在嘉峪关的镜铁小吃城，最多的就是烧烤了，烤板、烤羊腿、烤肉、烤香菇、烤土豆、烤羊排、羊肉串、牛蹄筋、烤羊蹄、烤脆骨、烤羊肚应有尽有，相信一定能满足你的味蕾。我怕吃坏肚子，只吃了点羊肚之类的。

印象最深的是在敦煌。晚上看演出前，我到了网红店"达记驴肉黄面"一个人只能点小份的三两驴肉，吃不完，面条留了很多。导游还推荐了很多，一是"达记驴肉黄面""顺张驴肉黄面"；二是莫高宾馆边的"大漠胡杨焖饼"；三是沙洲乐园东口的靖远"孖六羊羔肉"。

看完演出，我们到"沙洲夜市"转转，钟家酿皮、阿布代烤羊排、泡儿油糕、鸣山臊子面、胖姐砂锅，等等。我们只是看，吃不下。

在敦煌最后一天的中午，我们吃了一个大餐——大漠风情宴，真正舌尖上的美味。大漠风情宴主要由几道大菜组成：雪山驼掌、油爆驼峰、驴肉黄面、大漠风沙鸡、火烧羊排、手抓羊肉、清蒸虹鳟鱼、风味牛肉、鸣山大枣、发菜锁阳汤，另外还有一个当地的时令凉菜苜蓿。有人说，吃上这道菜，人生也就再无憾事了！

吃不够丝绸之路中国段的丰富美食。

我的教科研之路

1990年，我大学毕业后分配在江西省鹰潭市第四中学教语文。几年之后(大概是1994年)，我作为通讯员，为鹰潭教育信息写稿。因有考核要求，学校、教育局都很重视，我记得还到外地参加过相关信息写作的培训班。每年年终评比，我拿回学校受表彰的奖状，黄校长都会乐得合不拢嘴，连连夸赞我。因此，我写信息的劲头更高了。

这期间，我尝试着把自己的教学反思写成文章，大胆地向语文教学刊物投稿。终于，我在语文核心刊物《中学语文教学》1993年第10期上发表了一篇教学论文。1995年，我被评上江西省鹰潭市劳动模范。之后，鹰潭市审计局的办公室借调我写一些信息。虽说我的专业是师范，隔行如隔山，不太懂审计这行，但凭着自己的钻研和办公室老主任的指点，我上手很快，写的全市审计信息经常也能上市政府的信息快报了。

1997年7月，我看到《中国教育报》上的招聘启事，深圳市罗湖区向全国招聘百名优秀教师，我独自南下深圳考试，被深圳理工学校录取。在理工学校，我为《中国教育报》《德育报》《深圳青少年报》《深圳商报》《深圳晚报》等写了许多通讯稿，还被学校聘为通讯员。

2000年，我被调入深圳市翠园中学，因为要评高级职称，我发表了许多教学论文，也写过很多通讯稿，同许多媒体朋友建立了联系，这段时间是我的一个创作高峰期。后被任命为校办公室副主任，负责学校的宣传报道工作，也参与制作了学校许多的影视宣传片。

2013年底，我被区教育局德育科借调，任德育专干，负责全区德育宣传工作。从这里开始我申报并主持了几个省、市级的课题，写了许多有关德育方面的研究报告、总结，参与制订了一些区域性的德育规划，还出版了一本德育专著。

2015年9月，我调入深圳市碧波小学任党支部副书记，分管学校的宣传、德育、科研等工作，又出版了一本德育专著，主持了2个规划课题的研究。

2017年2月，我借调到罗湖区教育科学研究与信息中心（后改名为"深圳市罗湖区教育科学研究院"）任办公室主任，这之后，就更是与教科研的工作分不开了。

以上就是我的教科研工作，我想说的机会就在脚下，要一步一个脚印地走出来！